充电站建设与运营入门手册

CHONGDIANZHAN
JIANSHE YU YUNYING RUMEN
SHOUCE

许志胜　著

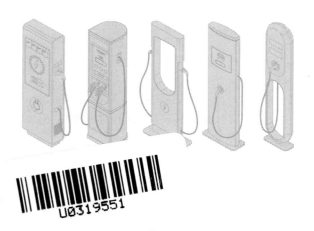

化学工业出版社

·北京·

内容简介

  《充电站建设与运营入门手册》全面剖析了充电站行业的现状与未来趋势。本书从充电站的基本概念出发，深入探讨了其发展历程、关键组成要素以及面临的挑战，不仅详细介绍了充电站的建设流程，包括选址、设计、施工及运维等各个环节的标准与规范，还深入分析了充电站的盈利模式和增值策略，为投资者和运营者提供了实用的经济分析框架。此外，本书还探讨了充电站规划与设计的前沿理念，以及充电桩的技术原理与进出口解决方案，为行业从业者提供了全面的知识体系和实用的操作指南。

  本书适合新能源行业从业者阅读，特别是对新能源汽车充电站感兴趣的人员；同时，本书也适合互联网产品经理、运营人员、开发人员和有志成为产品经理的相关专业的学生阅读。

图书在版编目（CIP）数据

充电站建设与运营入门手册 / 许志胜著. -- 北京：化学工业出版社，2024. 11. -- ISBN 978-7-122-19036 -9

Ⅰ. U469.72-62

中国国家版本馆CIP数据核字第202404Q62X号

责任编辑：雷桐辉 李军亮		文字编辑：徐 秀
责任校对：宋 玮		装帧设计：王晓宇

出版发行：化学工业出版社
     （北京市东城区青年湖南街13号 邮政编码100011）
印 装：河北延风印务有限公司
787mm×1092mm 1/16 印张12½ 字数250千字
2025年1月北京第1版第1次印刷

购书咨询：010-64518888   售后服务：010-64518899
网 址：http://www.cip.com.cn

定 价：68.00元

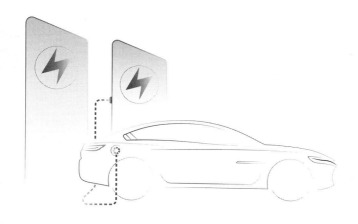

为什么写这本书

2020年，充电桩被纳入"新基建"。截至2023年，从国家到地方推出了各种充电桩建设和运营补贴政策，促进充电站行业飞速发展。数据统计至2023年，国内充电桩保有量达到859.6万台，充电站行业正在快速稳步地发展。

我有幸在几年前进入充电站行业，负责整个充电站运营管理系统的规划和设计，几年时间里，我从零开始熟悉了整个充电站行业。充电站行业是近几年的新兴行业，为了让更多人了解充电站行业，更好地进入充电站行业，从而编写了这本书。

本书适合对象：

① 充电站行业运营、市场和管理人员。

② 对新能源充电站行业有兴趣的人士。

③ 互联网产品经理、运营人员、开发人员和管理者。

④ 有志成为产品经理的相关专业学生。

本书主要内容：

本书前七章为行业基础知识，主要介绍充电站和充电桩的知识。第8章为充电IOT系统，是串联软件和硬件的内容，主要介绍整个充电系统的数据连接和传输方式。第9章介绍的是运营管理平台需要的服务器。第10章和第11章主要是小程序和运营管理后台的规划和设计。第12章为充电桩进出口解决方案。

致谢:

感谢化学工业出版社，是你们的肯定和支持，才让此书可以真正地面市。同时在本书的写作过程中得到了很多朋友的帮助，在这里特别感谢金少、修修、来凯、本末电碳、火丁、tap、赵扬等朋友的帮助和支持!

由于作者水平有限，编写的时间也比较仓促，书中难免有疏漏之处，欢迎批评指正，可直接加我个人微信 zhisheng0222。

著者

第**6**章
直流桩组成和工作原理
059 ~ 076

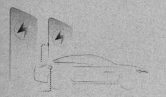

第 1 章

充电站概述

1.1 什么是充电站

充电站是一个提供充电服务的设施，通常用于电动汽车和混合动力汽车充电。电动汽车需要经常充电才能行驶，而充电站就是为这些车辆提供充电设备和电力的场所。充电站可以分成多种类型，如按照充电速度可以分成快充站和慢充站，快充站如图1.1所示；按照使用场景可分成公共充电站和私人充电站。近年来，随着电动汽车市场的迅速发展，充电站已经成为一个重要的基础设施，越来越多的城市和地区开始建立充电站网络，以满足电动汽车日益增长的充电需求。

图1.1 快充站

1.2 充电站发展

1.2.1 萌芽期

2010年之前，充电站行业处于探索阶段。2006年，比亚迪建立了首个电动车充电站；2008年，为了体现"绿色奥运"，建设了能满足50辆电动大巴需求的集中式充电站；2009年，上海先行建成商业运营管理的充电站。

1.2.2 培育期

2011～2014年：这期间充电站市场由国家主导，主要参与者包括国家电网、南方电网和普天新能源，且以公共汽车或政府内部用车为主，每年新增充电桩仅几千台，市场规模还很小，以行业摸索为主。

1.2.3 爆发期

2015～2018年：2014年11月，《关于新能源汽车充电设施建设奖励的通知》

出台，首次将新能源汽车购置环节与充电设施补贴挂钩，民间资本加入市场；2015年《电动汽车充电基础设施发展指南(2015-2020年)》提出，到2020年车桩比达到1:1的发展目标，大规模的投资建设开启，行业爆发，促使2015年、2016年充电桩增速分别达到743%、233%。由于发展太快、趋于盲目，建设标准出现一系列问题，2017年和2018年充电桩建设增速骤降到57%、62%，竞争的加剧导致企业差距拉大，部分企业出局，行业洗牌加快。

1.2.4　新基建期

2019年以后，我国公共充电桩总量达到51.6万台，政策补贴由新能源汽车向充电设施倾斜，行业逐渐成熟，部分企业也开始盈利，而行业的方向由建设端向质量更高的运营端转移，在技术、市场、盈利模式上产生了变革。2020年3月，充电桩被正式纳入新基建，重视程度加大，窗口期也缩短，在新商业模式探索、新一轮政策指导作用下，充电桩发展新通道开启，迎来新机遇。

1.3　充电站组成

对于具备一定规模的充电站，整体投资包含四个子模块：基建系统、配电系统、充电系统、运营系统。
① 基建系统。地面、道闸、消防设备和其他配套服务等。
② 配电系统。变压器、电缆等。
③ 充电系统。电缆、充电桩等。
④ 运营系统。运营管理后台、充电APP/小程序。

1.3.1　基建系统

基建系统是整个充电站的基础，一般包含地面、道闸、消防设备和其他配套服务等。这里要重点关注的是选址，充电站一般只可以吸引周边3公里范围内的新能源车主来充电，所以充电站的选址工作非常重要。此问题将单独在2.3节介绍。基建系统的主要设备如下。

（1）地面

公共充电场站主要为出租车和网约车服务，车辆进出频繁。同时，充电桩使用时对安全性和外部环境要求比较高，因此地面一般要求做硬化处理。充电站地面如图1.2所示。

（2）道闸

充电场站的独立管理是能够决定场站能不能带来优质服务的关键因素之一。作为

图1.2　充电站地面

常见的车场设备，它存在的主要目的是防止因该地区车位紧张而导致汽油车辆占据电动车辆的充电车位，使得该场站不能够正常运营。面对多种多样的地形，道闸可设置出入口在同一位置，也可设计成"南进北出"等模式，方便车辆顺利地进出，优化管理，避免因为设计不合理导致的场内车辆碰撞。如图1.3所示是一个常见的道闸设备。

图1.3　常见的道闸设备

（3）消防设备

作为常用电区域，秉着对用户负责的态度，消防设施是必须配备的。常见情况是在充电桩1m内的显眼区域便能发现消防设备，以便在遇到紧急突发情况时能够应急处理。同样，会根据不同地区配备不同类型的消防器材，定期检查消防器材寿命，按时且积极地接受消防部门的检查，防患于未然。在面对紧急情况时，不仅能够做出一些防范举动，使充电桩在事发突然时紧急断电，也可通过手动方式将场站紧急断电，保证现场的人员安全，等待消防队员前来处理。如图1.4所示是干粉灭火器。

（4）配套服务

充电站配套服务一般有餐厅、商铺、休息室、卫生间等，在周边没有较丰富、多元化的配套设施时，可根据实际情况自行建设丰富场站功能性的设施，为积累客户资源奠定基础。基建系统的设备在平时生活中经常可以看到，如指示牌、道闸、灭火器等，这些设备直接通过网络或者生活中的渠道购买即可。如图1.5所示是一个充电站休息室。

图1.4　干粉灭火器

图1.5　充电站休息室

1.3.2　配电系统

充电站的配电包含两部分：

① 从10kV到380V电力变压器。

② 从380V电力变压器到充电桩。

第一部分需要具备电力设计资质的电力设计院设计方案，并且由具备高压电力施工资质的单位进行安装，一般由电网合作公司来完成。第二部分也需要具备电力施工资质的单位来完成，包含挖地沟、敷电缆、接线头和砌水泥墩等。这两部分涉及的设备如下。

（1）变压器

变压器是连接高压电源与充电桩的重要媒介，是为了能够将电压转换并传输给充电桩，为充电车辆服务的重要组成部分。常见规格有630kV·A、800kV·A、1000kV·A、1250kV·A等。常见类型有油变型、干变型等。

不同的变压器能够应对不同地区的政策要求，例如，北京市政策要求使用干变型箱式变压器，厦门市政策要求箱式变压器使用低于800kV·A的规格等。根据地区要求选择合适的箱式变压器。不同款型的箱式变压器会有多种多样的配置元件，如断路器、负荷开关、电流电压互感器等，相互配合来保证充电的安全与效率。如图1.6所示是一个箱式变压器。

图1.6　箱式变压器

选择多大容量的变压器，可通过如下公式计算：

充电站所需总负荷＝充电桩总输出功率÷平均效率÷线路及无功损耗系数×充电机同时利用系数效率

式中，平均效率一般取0.9，线路及无功损耗系数一般取0.9，充电机同时利用系数效率一般取0.85。

举例：一个充电站有10台充电桩，每台充电桩是120kW，需要多大的变压器？

计算：充电站所需总负荷＝（10×120）÷0.9÷0.9×0.85≈1259（kV·A）

结论：配置1台容量不低于1259kV·A的干式非晶变压器，采用DYn11接线❶方式即可。

（2）电缆

电缆作为高压引入箱式变压器的媒介，是充电桩与箱式变压器之间的唯一连接方式。因此，电缆的型号尤为重要，高压接入和低压走线都由不同型号的电缆去做传递电能的工作，为充电车辆补充电量服务。如图1.7所示是电缆的横截面图。

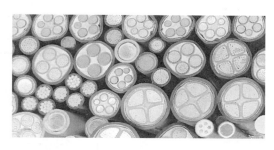

图1.7　电缆横截面

---

❶ DYn11接线是一种变压器高压侧采用三角形连接、低压侧采用星形连接且中性点引出的特定连接方式。在这种接线方式下，高压侧与低压侧之间存在30°的相位差。这种接线方式具有较低的零序阻抗和较好的不平衡负载性能。

　　不同的充电桩所使用的电缆差别很大，不仅仅是电缆的传输能力，电缆的价格也会截然不同。在不同的机械设备的组合下，电缆的匹配也会是投资成本里最明显的一笔支出，电缆的价格会根据市场波动而定。电缆不能随意配备，不仅仅是为了保证充电机的正常输出，也是为了场站的安全考虑。合理地匹配才能带来高效的工作环境和安全长久的充电场站。常规充电桩如何选择电缆见表1.1。

表1.1　常规充电桩选择电缆对照表

充电桩功率	输入电流	输入剩余电流动作断路器	电缆截面（YJV-0.6/1kV）铜 $/mm^2$	电缆截面（YJLV-0.6/1kV）铝 $/mm^2$	备注
AC\DC7kW	≤32A	40A/2P	3×6	3×10	单相
AC14kW	≤64A	80A/2P	3×16	3×25	单相
AC42kW	≤66A	80A/2P	3×16+2×10	3×25+2×10	单相
DC20kW	≤38A	40A/3P 或 4P	3×10+2×6	3×16+2×10	三相
DC30kW	≤64A	80A/3P 或 4P	3×16+2×10	3×25+2×10	三相
DC40kW	≤80A	80A/3P 或 4P	3×25+2×10	3×50+2×25	三相
DC60kW	≤100A	125A/3P 或 4P	3×50+2×25	3×70+2×35	三相，距离不超过30m，可用YJV-3×35+2×16
DC80kW	≤135A	160A/3P 或 4P	3×70+2×35	3×95+2×50	三相，距离不超过30m，可用YJV-3×50+2×25
DC120kW	≤200A	250A/3P 或 4P	3×95+2×50	3×120+2×70	三相，距离不超过30m，可用YJV-3×70+2×35
DC160kW	≤270A	320A/3P 或 4P	3×120+2×70	3×185+2×95	三相
DC240kW	≤400A	500A/3P 或 4P	3×240+2×120	2×（3×185+2×95）	三相

如果是分体充电桩选择电缆见表1.2。

表1.2　分体充电桩选择电缆对照表

充电桩功率	输入电流	输入剩余电流动作断路器	主机进线	主机至终端	辅助电源电缆	通信电缆	接地电缆
分体桩240kW	≤400A	500A/3P或4P	一组ZR-YJV-0.6/1-3×240+2×120电缆	ZR-YJV-22-0.6/1-2×95每个充电枪配一组电缆	ZR-YJV-2×2.5mm²，每个充电终端配一组电缆	屏蔽信号线2×1.0mm²，终端之间串联后再连接至主机	主机接地排与每个终端接地排连接要求使用大于35mm²铜线缆
分体桩360kW	≤600A	2×400A/3P或4P	两组ZR-YJV-0.6/1-3×150+2×70电缆	ZR-YJV-22-0.6/1-2×95每个充电枪配一组电缆	ZR-YJV-2×2.5mm²，每个充电终端配一组电缆	屏蔽信号线2×1.0mm²，终端之间串联后再连接至主机	主机接地排与每个终端接地排连接要求使用大于35mm²铜线缆
分体桩480kW	≤800A	2×500A/3P或4P	两组ZR-YJV-0.6/1-3×240mm²+2×120mm²电缆；	ZR-YJV-22-0.6/1-2×95mm²每个充电枪配一组电缆	ZR-YJV-2×2.5mm²，每个充电终端配一组电缆	屏蔽信号线2×1.0mm²，终端之间串联后再连接至主机	主机接地排与每个终端接地排连接要求使用大于35mm²铜线缆
分体桩240kW	≤400A	500A/3P或4P	一组ZR-YJV-0.6/1-3×240mm²+2×120mm²电缆	ZR-YJV-22-0.6/1-2×95mm²每个充电枪配一组电缆	ZR-2×2.5mm²，每个充电终端配一组电缆	屏蔽信号线2×1.0mm²，终端之间串联后再连接至主机	主机接地排与每个终端接地排连接要求使用大于35 mm²铜线缆

1.3.3　充电系统

充电系统除电缆外主要设备就是充电桩，充电桩是充电场站里直接服务于充电车辆的主要设备，连接箱式变压器转换电压/电流为车辆补充电量，常见规格有：7kW、60kW、80kW、120kW、160kW、360kW等。常见类型有：交流充电桩、直流充电桩。不同充电桩型号满足不一样的场景需求，详细内容可参见本书第6章和第7章，而如何选购一个充电桩主要考虑十大因素。

（1）品牌

可以通过网络渠道查询对应公司的基本情况，从而简单判断一个公司品牌如何。

（2）口碑

口碑当然是越好越可信赖，可以找几个使用此公司充电桩的充电站电话咨询，或者通过互联网社区或者社群了解具体口碑。

（3）价格

价格不是越低越好，在预算允许的情况下，选择价格比较中上的，理论上可信赖度更大。

（4）参数

需要了解充电桩基本的内部配置和基础参数，这里列举几个充电桩的重要参数。

① 输入参数。120kW充电桩常规输入参数如表1.3所示。

表1.3　120kW充电桩常规输入参数

参数名称	参数数据
输入电压	三相五线，交流380V±15%
频率范围	45～65Hz
功率因数	≥0.99

a. 频率范围：指的是充电桩所支持的电力频率范围。不同的地区或国家，电力系统的频率可能会有所不同。一般来说，世界上主要有两种电力频率：50赫兹（Hz）和60赫兹（Hz）。因此，充电桩频率范围指的是充电桩可以适应的电力频率范围，以便与当地的电力系统兼容。

b. 功率因数：充电桩功率因数是指充电桩所提供的电能与实际用于充电的电能之比。简单来说，功率因数是电能的有效利用率，因此，此数值越高越好。

② 输出参数。120kW充电桩常规输出参数如表1.4所示。

表1.4　120kW充电桩常规输出参数

参数名称	参数数据
输出功率	120kW
输出接口	双枪
输出电流	单枪最大250A
输出电压范围	200～750V（直流）
峰值效率	≥95%

续表

参数名称	参数数据
稳压精度	＜±0.5%
稳流精度	≤±1%（输出负载20%～100%额定范围）
枪线长度	5m

a. 输出功率：一般情况下输出功率越高充电速度越快，我们一般说的充电桩功率就是输出功率。

b. 输出电流：输出电流的大小直接影响充电速度，较高的输出电流可以更快地为电动汽车充电，但也可能对电池和电网造成更大的负荷。因此，输出电流的选择应根据充电设备的性能和电动车的需求来决定，并不是越大越好。

c. 峰值效率：指的是充电桩在最高功率输出时的能量转换效率。峰值效率通常以百分比表示，表示充电桩将输入的电能转化为输出的充电能量的比例。较高的峰值效率意味着充电桩在充电过程中能够更有效地转化电能为充电能量，从而减少能源浪费和充电时间。峰值效率是衡量充电桩性能和能源利用效率的重要指标之一，此数据越高越好。

d. 稳压精度：充电桩的稳压精度是指充电桩在充电过程中对电压的稳定控制能力。通常使用百分比或毫伏来表示其精度，稳压精度的数值越小越好。在许多国家和地区，充电桩的稳压精度都有相应的法规和标准要求。这些法规通常会规定充电桩在充电过程中的电压波动范围，以保证充电桩的稳定性和充电效果。因此，当选择充电桩时，了解其稳压精度是非常重要的。较高的稳压精度可以提供更稳定和高效的充电体验，有助于延长电动车电池的寿命，并确保充电过程的安全性。

e. 稳流精度：稳流精度是指电流输出设备在稳定工作状态下的精确程度。它通常用于描述电源、电流源或控制系统的能力，确保输出电流的稳定性和准确性。此数值越小越好。

③ 其他信息。充电桩其他参数，如表1.5所示。

表1.5 120kW充电桩其他参数

参数名称	参数数据
人机界面	7in❶ 彩色触摸屏
指示灯	电源、充电、故障

---

❶ 1in=25.4mm。

续表

参数名称	参数数据
充电操作	扫码/刷卡
通信方式	以太网/4G
辅助电源	12V/24V(选配)
散热方式	风冷
防护等级	IP54
外形尺寸/mm	800×600×1750（$W×D×H$）(宽度×厚度×高度)
功能保护	急停控制、自检功能、绝缘检测、防雷保护、交流输入过压/欠压保护、直流输出过压保护、输出限流保护、短路保护、过温保护等

a. 充电操作：一般有扫码、刷卡和 VIN 充电。

b. 散热方式：一般有风冷和水冷，目前水冷更先进。

c. 防护等级：防护等级数字越大越好。

④ 工作环境。充电桩工作环境如表1.6所示。

表1.6　120kW 充电桩工作环境

环境名称	具体数据
环境温度	−20 ～ 50℃
存储温度	−25 ～ 55℃
相对湿度	5% ～ 95%
海拔高度	≤2000m
安装倾斜度	≤5%

以上这些参数应该都好理解，范围越大肯定适应能力越强，还有个噪声数据在表1.6里没体现，噪声肯定是越小越好。

⑤ 高级功能。充电桩高级功能如表1.7所示。

表1.7　120kW 充电桩高级功能

功能名称	是否支持
主动防护	支持
柔性充电	支持

功能名称	是否支持
故障记录	支持
设备管理	支持

高级功能这个是加分项目，越多越好。以上是国内某个品牌的充电桩的技术参数，实际上很多品牌的充电桩参数远不止这些，但基本参数主要是这些。

（5）电损

电损当然越低越好，根据国家标准《电动汽车传导充电用连接装置 第3部分：直流充电接口》（GB/T 20234.3—2023），充电桩的损耗率应当不大于5%。

（6）保险

很多充电桩公司都会给自己的充电桩设备买保险，但一般有保险的价格肯定会比较贵，这个建议根据实际情况综合考虑。

（7）质保

质保期当然越长越好，设备如果在质保期内出现问题，可以要求对方尽快处理。

（8）售后

你所在的地区最好有对方公司的售后团队，一旦设备有问题，可以比较及时处理。

（9）交期

交期要看具体项目的需求，如果项目急，当然越快越好，如果项目本身不急，交期也可以长一点。

（10）地域

充电桩生产商最好是在同一个城市，好沟通协调。同时，充电桩发货的物流上也相对好把控。

1.3.4 运营系统

运营系统主要作用是对整个充电站进行监控、管理和宣传。运营系统主要是软件平台，这里又包含两部分：

① 给新能源车主用的APP/小程序。

② 给充电站运营商用的管理后台。

如何搭建自己充电站的运营系统，目前市面上主流的方式有两种：

① 使用第三方平台。这里的第三方平台如云快充、小桔充电、蔚景云和达克云等，一般提供充电APP和运营管理后台给运营商，运营商不需要自己开发，也不需要

购买服务器，只需要把自己的充电桩数据上传到平台就可以运营，这样的服务有的收费有的不收费，这种模式一般比较适合小充电站运营商。

　　② 自己搭建SAAS系统。这里的独立SAAS系统需要运营商自己拥有技术开发团队，并且自己购买服务器。技术团队需要自己开发或者购买一套软件系统二次开发，开发完成后，再将充电桩数据上传到平台并进行运营。独立搭建的好处是现金流和数据完全独立，运营更灵活，缺点是费用更高，这种模式一般比较适合中型充电站运营商。关于司机端APP/小程序和管理后台两个内容将在本书第9章和第10章详细介绍。

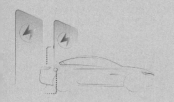

第 2 章

充电站建设流程和标准

2.1 充电站建设场景

（1）公共停车场

停车场是社会充电站最佳的场地之一，交通方便、出入方便。可于停车场租用车位，具体需要租多少个车位应根据实际测算情况分析后确定。

（2）大型购物中心

在有充电站的地方设置购物中心，必然会受到来充电的人的欢迎，充电的人会顺便购买商品（在哪里买都是买，正好利用充电的10～20分钟购物），这样，可与购物中心实现双赢。

（3）可停车的路边地

城市停车越来越难，许多路边空地都被允许临时停车，有实际情况允许的情况下，可以在路边空地设置充电站，为新能源汽车进行充电。

（4）高速路服务区

在高速路服务区设置电动汽车快速充电站，人们进服务区休息的同时，可以为爱车充电，充电站和服务区实现互利共赢。

（5）居住小区

居住小区是最贴近用户的地方，虽然小区内可以设置许多慢速充电桩，但有急事需要外出是每个人都可能遇到的事情，慢速充电站可以与快速充电站结合起来建设。

（6）单位写字楼

一般单位与写字楼都有停车场地，单位设置充电站不仅可为本单位的电动汽车服务，也可为本单位员工的电动汽车服务，当然也可允许社会车辆快速充电。

2.2 充电站建设流程

投资建设一个成型的充电站需要6个步骤。

2.2.1 准备工作

（1）场地选择

选择合适的场地是充电站建设的第一步，好的场地直接影响到后期整个充电站的运营情况。随着行业的发展，目前也有专门的平台提供充电站场地交易的服务，如能源邦plus，提供全国各个城市适合建设充电站的场地。场地选择需要注意的几点如下，更详细的内容参见本书2.3节。

① 场地选择在停车位或者绿化停车位。

② 车位不要太紧张，须支持外来车辆进入。

③ 商圈、高铁站、火车站附近优先。

④ 停车位出入口要方便，避免拥堵。

（2）场地签约

场地签约需要准备的资料一般如下：

① 场地的土地证或者租赁合同。

② 甲乙双方的营业执照、法人章和法人身份证复印件，个人的须提供个人身份证复印件。

③ 甲乙双方的合同章或者个人章。

④ 针对场地拟定的合法合规的场地合同。

⑤ 需要提供场地的平面规划红线图、建筑用地规划许可证、建筑施工许可证。

2.2.2　备案

前期准备工作做好以后，就可以到省、市监管平台进行备案，然后到地方发改委提交资料。通过各部门的审批以后，就可获得备案证。备案需要提供的信息如下：

① 法人身份证注册的电话号码。

② 法人身份证。

③ 公司统一的社会信用代码。

④ 场地的详细地址、充电桩的数量、造价规划。

2.2.3　土地审核

拿到备案证后，就可以到国土资源局进行土地合法性审核，明确土地性质和产权归属。

2.2.4　规划审核

明确目标土地的合法性后，再到规划局做土地使用审核，确认政府在未来几年对该场地没有其他的规划。

2.2.5　电力申请

一切准备就绪后，投资者就可以带上上述流程已拿到的资料到电力局进行申请。

电力局会对以上材料进行审批，审批完成后，即可出具相关文件。拿到相关文件之后就可以施工了。电力申请步骤及所需素材如下：

① 计算出变压器的容量，如何计算在本书1.3.2.1节有详细介绍。

② 项目负责人到供电营业厅填写申请表，递交申请材料，具体材料如下：

a. 书面申请书。

b. 项目批文复印件。

c. 场地平面规划图。

d. 规划红线图原件和复印件。

e. 申请人身份证原件和复印件。

f. 营业执照。

g. 法人资格证明原件和复印件。

h. 土地使用证明。

③ 供电公司一周后进行现场勘查，确定供电方案，一般高压单电源15个工作日，高压双电源30个工作日，供电公司向企业提供书面的供电方案答复单（或供电方案协议）。

④ 由企业自行委托有设计资质的单位进行设计，向设计单位提供材料（供电方案答复单、设计委托书、用电设备清单），设计图纸须送交供电公司审核合格，出具《审图意见书》，方可进行材料采购和工程施工，否则供电公司将无法验收接电。

⑤ 企业交纳费用。

⑥ 由企业自行组织招标采购符合产业、行业规定的设备，由有资质的施工单位进行施工，资质证明材料需施工前报供电公司审核，提供开工报告后方可施工，将视情况而定中间是否验收。

⑦ 工程竣工后，提供下列文件，报竣验收，需要提供的资料如下：

a. 设备的产品合格说明书。

b. 验收记录、安装技术记录（包括隐蔽工程记录）。

c. 竣工图纸、施工指导书（施工技术措施）。

d. 有供电公司审核意见的电气部分设计图纸和设计变更函。

e. 供电企业认为必要的资料记录。

f. 电气部分竣工图纸在工程送电后1个月内完成并报一份给供电公司存档。

g. 供电公司受理报竣后5个工作日内完成现场验收。

⑧ 如需整改，由企业依据现场验收整改意见组织整改，整改结束后重新报竣并重新验收，须缴纳复验费。

⑨ 验收合格后，企业与供电公司签订供用电合同及电费结算协议，企业须提供以下材料：

a. 营业执照复印件。

b. 法人资质证明（或授权委托书）。

c. 税务登记证号及开户银行、账号。

d. 值班电工进网作业许可证原件和复印件。

e. 受电工程验收合格并办理相关手续后5个工作日装表接电。

2.2.6　验收确认

充电站施工完成后，电力公司会进行验收，包括标志、招牌、消防器材等。验收后通电，然后再由第三方检测机构对充电桩进行检测，并且对应出具测试报告，完成以后就可以上线运营了。

2.3　充电站选址方法

充电站的运营跟餐厅运营有一些相似，地理位置是否优越很大程度决定了整个场站后面是否可以盈利，以下是充电站选址必须关注的点。

2.3.1　必备条件

（1）当地政策

对当地政策的了解非常关键，这是一个硬性的要素，如果这个要素不满足或者不合适，其他就不需要再考虑了。具体政策上要关注三点：

① 当地对充电站建设的政策法规，比如有的地区对安装的最大箱变型号等有要求。

② 充电站建设流程，需要哪些部门审批，具体需要哪些条件，是否可以满足。

③ 当地的补贴政策，如何才可以具备补贴条件。

（2）土地性质

① 土地属性。有土地证，土地须是工业、商业或建设用地，不可以是农林牧渔用地。

② 土地产权。有土地租赁合同或者资产转让合同，产权必须唯一，并且不存在任何法律纠纷。

（3）运营年限

如果签订土地租约，租约不得低于6年，这样有足够的场站运营时间。

以上三点是充电站选址的基本条件，如果这三个条件不具备，就基本判定这个场地不适合建充电站。

2.3.2　周边情况

场站的地理位置直接决定了周边潜在客户数量，潜在客户数量肯定越多越好，优先考虑一些人流量集中的商圈、导航容易找到的地点等，例如可以选择火车站、汽车站、物流园等客运、物流车比较集中的区域。或者大型商场、商业中心等出租车、网约车比较集中的区域。这些处于热力区的地段，充电的需求多，更容易盈利，回收成本更容易，这里具体涉及以下三方面。

（1）周边竞争场站

周边竞争场站重点关注3km范围内的充电站。如果3km范围内已经有非常多的充电站，那势必会竞争激烈，要在一个竞争激烈的环境下盈利必定难度很大。

（2）周边生活配套

周边生活配套是指司机在充电过程中可以使用的设施，如：餐厅、商铺、休息室、卫生间等，这些设施越多，充电站的配套服务也就越好，就可以吸引更多司机来充电站充电。

（3）周边交通情况

周边交通情况当然越完善越好，这样新能源车到场站充电就越方便，同时也说明周边潜在的客户可能越多。

2.3.3 场地情况

（1）离环网柜距离

充电站需要电源，如果充电站离电源太远，势必会需要大量的电缆，势必增加整个充电站的成本。

（2）场地可用车位

场地可用车位越多，理论上可以建设的充电桩数量越多，场地建设和施工的灵活性越大，所以场地可用车位一般是越多越好。

（3）场地基础配套设施

基础配套设施主要有：雨棚、厕所、休息室等，基础配套设施越多，对场站的运营肯定越好。

（4）土地硬化情况

如果场站的土地已经硬化，那对充电站的建设和运营肯定更好，所以有硬化的场地肯定比没硬化的要好。

（5）排水通风情况

排水通风情况越好，场地越适合充电站的建设和运营。

以上是直流充电站选址必须要关注的点，如果是交流场站，情况又不一样，特别是场地情况，比如离环网柜距离就需要改成可用电容情况，场地基础配套设施需要改成场地类型选择，此类型主要有小区、工业区和商业区，其他的条件基本跟直流桩场站一样。笔者根据此模型也设计了一个小程序，名字叫能源邦plus，有兴趣可以微信搜索并体验。充电站的选址是一件非常重要的事，线上软件测算结果都只是一个决策参照，实际操作中必须线上线下结合综合考虑，方可确定一个地址是否适合建设充电站。

2.4 充电站建设成本

充电站的建设成本包括多方面，主要包括电力配电、充电桩安装、土建施工、场地硬化、雨棚、场站相关设备、充电桩、其他管理费，以上费用还不算软件平台相关的费用，具体成本如表2.1所示（以下单价和费用数据只做展示举例用）。

表2.1　直流充电站建设成本

序号	名称及说明	单位	工程数量	工料单价/元	合价/元	备注
一	电力配电					
1	800kV·A箱变	台	1	200000	200000	——
2	铜芯电力电缆YJV-0.6/1kV-4×95+1×50	m	150	380	57000	120kW充电桩电缆（箱变低压侧接入）
3	箱变基础	座	1	15000	15000	倒模板、混凝土浇筑
4	低压电缆穿管（敷设）	m	150	200	30000	800mm×800mm（含开挖、垫层、地面恢复）
5	PVC管	m	150	80	12000	——
6	电力电缆终端头制作安装	套	14	800	11200	
7	通信部分	项	1	8000	8000	
8	监控部分	项	1	15000	15000	
9	照明	项	1	8000	8000	
10	电缆试验	套	1	5000	5000	
11	充电桩接地工程	项	1	5000	5000	包含箱变、充电设备的接地
12	顶管	m	60	1000	60000	暂估
13	高压电缆穿管（敷设）	m	440	200	88000	暂估
14	道闸及基础	项	1	12000	12000	

续表

序号	名称及说明	单位	工程数量	工料单价/元	合价/元	备注
	小计				526200	
二	充电桩安装					
1	120kW充电桩主机安装	台	7	600	4200	—
	小计				4200	
三	土建施工					
1	充电桩基础	个	7	1200	8400	按图纸
2	基础刷漆	个	7	300	2100	人工费和材料费
3	车挡＋车位线	个	14	500	7000	—
	小计				17500	
四	场地硬化					
1	混凝土硬化（25cm）	m²	—	320	0	暂估
	小计				0	
五	雨棚					
1	钢架膜结构雨棚	m²	0	350	0	暂估
	小计				0	
六	其他相关费用					
1	标准化施工（安全工具器、模拟图板、灭火器）	套	1	8000	8000	—
2	广告牌、解说牌	项	1	6000	6000	—
3	安全文明施工	项	1	8000	8000	—
	小计				22000	
七	汇总1（前面项目汇总）				569900	
八	其他手续费	项	1	6%	34194	—
九	汇总2（施工总计）				604094	
十	充电设备					
1	120kW充电桩（双枪）	台	7	35000	245000	—
十一	投资总计				814900	

2.5　充电站建设标准

（1）国家标准

GB 50966—2014《电动汽车充电站设计规范》。

（2）地方标准

《电动汽车超级充电站建设技术规范》（T/GAEPA 001—2022）。

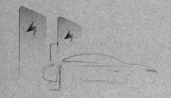

第 3 章

充电站盈利和增值模式

3.1　充电站运营模式

3.1.1　中国运营模式

充电站在中国从一开始政府主导到现在逐步市场化，衍生出多种运营模式。目前中国的充电站运营模式如表3.1所示。

表3.1　中国充电站的运营模式

运营模式	特点	优点	缺点	案例
政府主导模式	政府作为投资主体，负责充电桩的建设与运营	统一规划，集约化发展引领充电桩建设有序发展	增加政府财政压力，运营效率较低	北京奥运会、上海世博会充电站
企业主导模式	由作为市场主体的企业投资与运营充电桩	保证充电桩建设的资金投入，提高了充电桩的经营效率和管理水平	易导致无序建设，与相关领域协调不足	特斯拉公司
混合模式	政府参与和扶持下的企业主导模式	克服政府资金不足和效率问题	各方协调要求高	特锐德：通过与政府合作，推广新能源
众筹模式	整合企业、社会、政府等方面力量，利用互联网思维的众筹模式推进充电桩建设	利用社会力量整合资源，提高使用效率和用户体验	在停车位资源紧张的一线城市较难推广	星星充电

3.1.2　国外运营模式

美国、日本和德国充电站的运营模式如表3.2所示。

表3.2　美国、日本、德国充电站的运营模式

国家	模式	代表公司	特点
美国	充电桩建设+运营；安装+收取服务费	Chargepoint	建立全美范围内电动汽车充电位置共享信息，并基于此数据，与地图运营商、电动汽车公司和互联网公司进行合作，打造了电动汽车服务的生态链
日本	政府+车企，政府推动，车企参与	日本政府联合丰田、日产、本田、三菱四大本土车企共同成立"日本充电服务"公司	体系完善，执行力强

国家	模式	代表公司	特点
德国	Joint Ventur 模式，carsharing 汽车分享模式	DriveNow	已经登记的会员可以拿着信用卡刷卡开车走人，按分钟计费，灵活机动地刺激客户需求并提供更多隐性服务
	OTT 模式，即 Over The Top "过顶延伸" 模式	史瓦科	从网络运营商提供的网络上产生衍生服务类型。不仅仅提供充电服务，也包括 Wi-Fi 网络/地图等功能
	O2O 模式	新激情	跨界混搭，资源整合，运营增值空间大

其他欧洲国家也在大力推进新能源汽车充电桩的建设，他们的主要运营模式如表 3.3 所示。

表 3.3　英国、法国、俄罗斯和挪威的充电站运营模式

国家	模式
英国	绝大部分充电站免费开放，政府投入 5 亿英镑用于电动汽车智能无线充电研究
法国	通过减税鼓励企业安装充电设施，法国政府希望在 2030 年时将充电设施的总数增加至 700 万个
俄罗斯	俄罗斯政府已经制定了《电动汽车和氢能汽车》战略计划，目标是到 2030 年，电动汽车产量在汽车总产量中的份额达到 10%，并计划建成超过 1000 个加氢站和 7.2 万个充电站。此外，俄罗斯还出台了一系列措施来刺激电动汽车的需求，包括提供贷款购买或融资租赁国产电动汽车的折扣，以及补贴打车平台和共享汽车等
挪威	充电站由地方政府、电动车管理机构和私营公司共同承建，每个充电站最高补贴 20 万挪威克朗

3.2　充电站盈利测算

充电站运营商盈利能力较弱已成为行业共识，仅特来电一家在 2019 年宣称跨过盈亏平衡线开始盈利。公共充电站的盈利能力取决于充电桩利用率和充电服务费两大因素，而用户对服务费价格比较敏感，导致服务费短时间内很难提高，那充电站的充电桩利用率将直接决定一个充电站的盈利能力和投资回报周期。

表 3.4 是一份充电站的投资测算表，其中，120kW 的充电桩 20 台，每台按 5 万元计算，电费按照 0.6 元计算，服务费按照 0.4 元计算，互联互通按照服务费 10% 计算，同时需要 6% 的税，电损按照电费的 8% 计算，同时需要 13% 的税，折旧按照设备成本的 10% 计算。具体数据总共有 10 年，表 3.4 只列出前面 4 年。（以下商品价格和费用数据只做展示举例用。）

表3.4 充电站投资测算表

项目	合计	第一年	第二年	第三年	第四年
充电桩数/台	—	20	20	20	20
总功率/kW	24,000	2,400	2,400	2,400	2,400
设备功率利用率/%	—	10	12	14	14
充电度数/（kW·h）	27,751,680	1,900,800	2,280,960	2,661,120	2,661,120
单度电费/元	—	0.6	0.6	0.6	0.6
电费收入/元	16,651,008	1,140,480.00	1,368,576.00	1,596,672.00	1,596,672.00
单度服务费/元	—	0.4	0.4	0.45	0.45
服务费收入/元	13,191,552	760,320.00	912,384.00	1,197,504.00	1,197,504.00
停车收入/元	—	—	—	—	—
运营补贴/元	380,160.00	380,160.00			
建设补贴/元	—	—	—	—	—
现金流入合计/元	30,222,720	2,280,960	2,280,960	2,794,176	2,794,176
电费支出/元	16,651,008	1,140,480	1,368,576	1,596,672	1,596,672
互联互通成本及电损/元	2,423,318	152,470	182,964	226,011	226,011
分成/元					
设备及建设投入/元	1,000,000	1,000,000	—	—	—
产品保险费/元	48,000	4,800	4,800	4,800	4,800
设备运维/元	104,000	—	—	10,000	10,000
场地租金/元	1,680,000	168,000	168,000	168,000	168,000
人员工资/元	840,000	84,000	84,000	84,000	84,000
引流及其他运营费用/元	1,978,733	114,048	136,858	179,626	179,626
结算手续费/元	179,055	11,405	13,686	16,765	16,765
营业税金/元	1,699,726	97,967	117,560	154,298	154,298
税息前现金流/元	3,618,880	−492,210	204,516	354,005	354,005
利息/元	−105,929	22,888	13,378	−663	−4,203
折旧摊销（设备成本的10%）/元	1,000,000	100,000.00	100,000.00	100,000.00	100,000.00
利润总额/元	2,213,084	297,432	−13,826	117,468	121,008
所得税/元	556,727	74,357.96	—	29,366.97	30,251.98

续表

项目	合计	第一年	第二年	第三年	第四年
净利润/元	1,656,356	223,074	−13,826	88,101	90,756
现金流出合计/元	26,933,712	2,831,343	2,057,978	2,447,993	2,448,878
现金流量净额/元	3,168,082	−589,456	191,138	325,301	327,956
折现率	—	8%	8%	8%	8%
折现后现金流/元	1,764,652	−545,792	163,870	258,234	241,057
截至当年NPV（净现值）/元	—	−545,792	−381,922.00	−123,687.72	117,369.62
IRR（内部收益率）/%	42				
投资回收期（静态）	3.47				

　　表3.4只是做一个展示，实际充电站运营涉及的东西和细节可能更多。当充电站充电桩利用率提高时，投资回报周期相应地缩短。除提高充电站利用率外，充电站的选址和运营同样也很重要。

3.3　充电站增值模式

　　由于充电桩行业发展较晚，商业模式较为单一，目前，很多企业正在探索充电桩+增值服务的模式以提高盈利能力。目前主要的增值服务如表3.5所示。

表3.5　充电站增值模式

具体模式	描述
充电桩广告	在充电桩上安装液晶屏或广告灯箱，获取广告费用
提供配套服务	充电站休息室配套设备，如自动洗车机、自动按摩椅、共享充电宝和自动售货机等，利用司机的其他需要产生相应消费获取相应的利润
对外场地租赁	对于一些场地比较大的场站，可以提供场地租赁服务，通过外租场地赚取费用
整车销售提成	通过与整车厂商合作销售新能源汽车，从中获取提成收入
提供服务外包	利用场站自身服务团队为其他充电站提供设备维护、场站运营等服务，收取一定的外包服务费用
4S维修保养	利用客户充电的时间为新能源汽车提供4S增值保养服务
提供配套餐饮	司机吃饭跟充电都是刚需且充电时间与吃饭时间重合，因此场站配套餐饮不仅能方便司机，而且通过出租餐厅或者场站直营还能获得额外收益

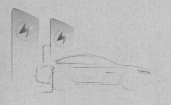

第 4 章

充电站运维和安全管理

4.1　充电站维保管理

4.1.1　日常维护

（1）日常维护

建立工作日志制度，与设备相关的维护工作在日志中详细记录。

（2）定期维护和试验

每年对充电桩绝缘电阻进行检测，用500V摇表测量绝缘电阻值必须在0.5MΩ以上；漏电开关每半年进行一次检查试验；双回路自控电源控制回路每半年进行一次动作可靠切换检查；熔断器每半年进行一次检查，要求接触可靠；桩体控制器每年进行一次检修；接线螺钉每半年进行一次检查，保证接线螺钉固定可靠，无松动和锈蚀现象。

（3）不定期维护

① 出现充电桩烧毁，不管发生在什么时间，应及时处理，组织抢修，尽快恢复正常。

② 固定或重大节日、遇有异常自然条件(洪涝、台风、暴雨和强烈地震等)、人为破坏时，应进行特殊巡查检修。

③ 每年雷雨季节前对防汛设施进行一次全面检查。内容包括排水是否畅通、防汛设施是否齐全、地基有无下陷、房屋有无渗水、屋顶及地面排水孔是否通畅，发现问题及时处理。

④ 成立24小时应急小组，设备发生故障时，急修服务应在24小时内赶到现场。对于故障设备，在设备恢复运行之前，应急小组人员未经允许不得擅自离场，确保所维护的设备安全平稳长期运行。

4.1.2　设备保养

（1）充电枪保养

充电枪只能在未连接时进行清洁，用干布对充电电缆接触头进行清洁。不要使用有腐蚀作用的清洁剂、水枪、水蒸气枪进行清洁。产品外壳为热塑性塑料，切勿被外力冲击以免影响使用，如图4.1所示为直流充电桩的充电枪。

（2）防尘网保养

防尘网保养一般包含检查、清洗和更换，如图4.2所示为充电桩防尘网。

① 启动前检查。

a. 启动前，空调系统的风管应当进行清洗和检查，排除大颗粒异物（常见的建筑垃圾，石子，安装风管遗留的螺母、螺钉、螺栓等，会对过滤器造成不可逆的致命性损害）。如有

图4.1 直流充电桩的充电枪

图4.2 充电桩防尘网

必要，可在初效过滤器前段加装金属过滤网（遮挡大颗粒异物以及可以反复冲刷清洗）。

b. 确认过滤器安装牢固、方向正确。

c. 在安装了过滤器的情况下对空调风柜进行点动试运行，保护过滤器后面的昂贵设备，观察正常后进行长期试运行。

② 启动后检查。

a. 观察空调厂家提供的压差表读数。

• 读数长期没有变化，可能是过滤器清洗次数过多，失去了效用或出现较大破损，或压差表连接管破裂或没有接好。

• 如3～5天内压差急速上升，此现象主要出现在冬春季节，特别是在雾霾严重的天气会出现，原因是滤材上的灰尘和空气中的水分形成泥浆或微冻的泥浆，堵塞了过滤器。解决方法是：对过滤器进行清洗和烘干。

• 需要清洗或更换的终阻力为初始阻力的2～3倍，范围在100～200Pa。其中，G3❶:

---

❶ G3和G4是欧洲标准EN 779:2012中定义的过滤效率等级，用于描述空气过滤器的性能。这些等级是根据过滤器对特定大小颗粒的过滤效率来分类的。G3过滤器的过滤效率较低，主要针对较大颗粒的过滤。G3过滤器通常用于粗过滤，去除5微米及以上的颗粒。G4过滤器的过滤效率较高，可以捕获更小的颗粒。G4过滤器通常用于中等效率过滤，去除1微米及以上的颗粒。

100 ～ 200Pa，G4：150 ～ 250Pa。

· 过滤器越脏，阻力增长越快。过高的终阻力值并不意味着过滤器的使用寿命会明显延长，但它会使空调系统风量锐减。因此，没有必要将终阻力值定得过高。

· 低效率过滤器常使用直径 ≥ 10μm 的粗纤维滤料。由于纤维间空隙大，过大的阻力有可能将过滤器上的积灰吹散，此时，阻力不再增高，但过滤效率降为零。因此，要严格限制 G4 以下过滤器的终阻力值。

b. 外观检查，是否有破损。

c. 运行期间，定期（每周）进行各项检查，确保过滤器运行高效可靠。

d. APP 板式过滤器可以清洗。根据多数用户的使用经验，每 2 ～ 3 周清洗一次，寿命为 1 ～ 3 个月。但清洗后过滤效果也会严重降低，因此用户应当评价清洗的得失后再确定是否清洗。

③ 清洗。为保证过滤器正常运转并获得最佳效果，需要定期清洗过滤器。大多数情况下，建议每 2 ～ 3 周（需要根据运行环境确定）进行一次彻底的清洗。对于比较脏的工作环境，可能需要更频繁地清洗（每周一次）。结合现场工作环境及使用经验，可自行设定清洗周期。清洗需要注意的事项如下：

a. 不可使用高压水枪，不可使用任何刷子。高压水枪和刷子会使滤料严重损坏，只能使用正常市政供水水龙头水压，由上至下地冲洗，或者水池加洗涤剂浸泡清洗。

b. 清洗之后，放置于通风处自然晾干后才能使用。潮湿情况下使用，可能会造成过滤器阻力偏大，或使滤料脱落或损坏。

④ 更换。根据经验，阻燃过滤器材料不含黏结剂或其他胶类物质，滤料是单组分的纤维排布组合压紧在一起，一般水洗 1 ～ 2 次之后，或总计 1 ～ 2 个月后，就应更换全新的过滤器。

4.2 充电站安全管理

4.2.1 场地安全要求

① 充电站场地总体要求应符合《电动汽车充电站设计规范》（GB 50966—2014）的规定。

② 充电机电源配电箱应设置在便于集中控制、管理的地方，以便充电机发生故障时能快速切断充电机进线电源。

③ 充电站内应规划好充电区域，并在地面用明显的标志标示出停车位、车辆进出通道。

④ 操作现场应设置紧急疏散（消防）通道，并确保畅通。

⑤ 充电桩、充电柜、配电箱等设施基础高度应高于站场内最高积水位 20cm。

⑥ 充电站安装在室外不充电时，带电的充电机必须建设遮雨棚，遮雨棚伸出长度

应保证在大雨的情况下，雨水不会落到充电机及车辆充电接口位置；不带电的充电机有条件的应尽量按上述标准建设遮雨棚。

⑦ 充电站内应做好排水措施，确保配电房（柜）位、充电房（柜）位、充电机位及充电车位等关键部分不产生积水。

⑧ 设备室应有降温及通风措施。

⑨ 充电站不宜设在多尘或有腐蚀性气体的场所，当无法远离时，不应设在污染源盛行风向的下风侧。充电设备区禁止放置含有腐蚀金属和破坏绝缘的有害气体及导电介质。

⑩ 充电站内应根据需要配备适量的防汛设备和防汛物资。防汛设备和防汛物资要专门保管，并有专门的台账，每年汛前必须对防汛设备和防汛物资进行全面的检查、试验，确保防汛设备和防汛物资齐全并处于完好状态。

4.2.2 消防安全要求

① 按照《中华人民共和国消防法》《机关、团体、企业、事业单位消防安全管理规定》，建立健全各项消防安全制度和保障消防安全的操作规程，并严格落实。

② 充电站消防器具的设置应符合消防部门的规定，合理摆放并有明显标志，不得随意挪动，严禁损坏、丢失，未发生消防事故禁止随意使用消防设施和灭火器材。

③ 定期检查灭火器材，监控设备的放置、完好情况并清点数量，以保证其有效性和完整性，并记入相关记录。

④ 加强消防设施和灭火器材保养，及时修复或更换不符合安全使用标准的设施及器材，发现隐患及时处理。

⑤ 充电站内各紧急出口通道应保持畅通，安全出口指示灯、事故应急照明灯完好有效。

⑥ 下列范围属于防火重点部位，应设置明显防火标志，严格管理：充、换、储电场所，监控室，充电柜或充电模块室，变配电室。

⑦ 充电站的电缆隧道和夹层应有消防设施，控制室、配电室和开关场区的端子箱等电缆孔应用防火材料封堵。

⑧ 充电站设备室或设备区不得存放易燃、易爆物品，因施工需要放在设备区的易燃、易爆物品应加强管理，并按规定要求使用，施工后立即运走。

⑨ 充换电站范围内动火应当严格按照部颁 DL 5027—2015《电力设备典型消防规程》中有关动火安全管理规定执行。

⑩ 应定期进行消防培训和应急演练，全体人员应掌握消防知识，熟知消防器材的位置、性能和使用方法，熟知火警电话及报警方法。

4.2.3 安全防护用品要求

① 充电站应按照相关规定配备绝缘棒、绝缘服、绝缘手套、绝缘鞋、绝缘垫、安

全帽、护目镜等安全防护用品。

　　② 充电站管理人员应定期对各类安全防护用品进行检查，及时更换不符合要求的安全防护用品，保证其完好有效，并做好记录。

　　③ 充电站管理人员应督促操作人员正确使用安全防护用品，防止意外事故发生。

　　④ 操作人员进行作业前必须正确使用安全防护用品，并接受管理人员监督。

4.2.4　监控及通信要求

　　① 应按《电动汽车充电站设计规范》（GB 50966—2014）要求设置充电监控及通信系统。

　　② 对于具有5台及以上电动汽车充电位的充电站，应按《电动汽车充电站设计规范》（GB 50966—2014）设置安防监控系统。

　　③ 充电站宜设置一套交流不间断电源，以满足站内监控系统的需要，其容量宜按3kV·A冗余配置。

　　④ 不得无故中断监控或删除监控资料。

　　⑤ 充电监控资料在系统中保留不少于36个月，安防监控资料保留不少于1个月。

4.2.5　充电站操作人员安全管理

（1）岗位设置与职责

　　① 充电站应设置负责人、安全员、设备维护员、监控员、充电员等岗位。

　　② 负责人是充电站的第一安全责任人，应全面负责充电站的安全及日常运营管理工作。

　　③ 安全员负责充电站的安全宣传教育和监督工作，协助站长进行安全管理。

　　④ 设备维护员负责充电设备的巡查、检测和维护工作，保障设备正常运营。

　　⑤ 监控员负责充电监控设备及通信网络的正常运转，对充电过程进行实时有效的监控。

　　⑥ 充电员负责引导客户，并为客户提供充电服务。

（2）岗位技能要求

　　① 负责人应了解电动汽车的结构，熟悉充电设施的工作原理，熟练掌握充电站的运行和服务规范、安全知识和应急处理方法。

　　② 安全员应了解电动汽车的构造、充电设备的工作原理，掌握充电操作规程、安全知识和应急处理方法。

　　③ 设备维护员应掌握充电设备的工作原理、动力蓄电池的基本知识、电动汽车的构造，掌握本岗位操作流程，熟悉设备检测、故障判断及处理方法。

　　④ 监控员应了解动力蓄电池电化学性能和动力蓄电池应用的基本知识，掌握监控系统使用方法。

⑤ 充电员应了解电动汽车蓄电池的基本常识，掌握电动汽车充电安全知识、本岗位操作规程和应急处理方法。

（3）一般要求

① 充电站各岗位人员必须经过上岗前三级培训，掌握电动汽车安全知识、用电安全规范、操作规程、发生紧急情况的处理方法和触电急救法后，才能上岗。

② 充电站所有人员必须取得当地认可的操作证，如当地对充电站暂无操作证要求的，所有人员必须经充电设备生产厂家培训考核合格后方可上岗；各地设备维护员岗必须取得《低压电工作业证》。

③ 充电站人员的日常安全教育按公司的管理办法执行。按照三级教育来执行。

④ 充电站操作人员严格按照操作规程和安全生产管理规定进行操作，杜绝违章操作和不安全行为。

⑤ 充电站操作人员必须密切监控充电站的设备运行状况，以确保安全、高效运行。发现异常情况应通过紧急按钮停止充电，并及时上报、做好详细记录。

⑥ 充电站操作人员当班时严禁脱岗、串岗、溜岗、睡岗或做与工作无关的事情。

⑦ 监控室当值人员不得长时间离开。

⑧ 充电过程严禁在充电区域进行其他操作，严禁非专业人士靠近及随意触碰充电电缆或插头。

⑨ 换班时接班人员未到，当值人员不得擅自离去，必须办好交接手续方可下班。

4.2.6 驾驶员及车辆安全管理

① 车辆进站充电时，驾驶员应服从充电站操作人员指挥，严格按照行驶线路驾驶车辆，车速控制在5km/h范围内，按规划区域停放（充满电和待充电区），不得阻塞通道，一车不得占据多个充电车位。禁止无关车辆进入充电区域，禁止在紧急疏散通道停放任何车辆。

② 进场驾驶员必须严格遵守充电站安全管理规定，不得损坏站内各项设施。

③ 进场驾驶员必须严格遵守充电站安全防火规定，禁止场内吸烟，严禁驾驶员驾驶携带了易燃、易爆、剧毒、腐蚀性、辐射性、强电磁等危险品的车辆进入充电站。

④ 进场车辆和驾驶员要保持场内清洁，禁止在场内乱丢垃圾与废杂物。

⑤ 进场车辆严禁在充电站内修车、试刹车，禁止任何人在充电站内学习车辆驾驶。

⑥ 充电结束后、行车前，驾驶员应确认充电终止以及充电设备与电动汽车是否物理分离。

⑦ 无权限移动车辆的充电站操作人员严禁挪动车辆。

⑧ 车辆出现危险情况应立即切断充电电源，必要时拨打报警电话。

4.2.7 设备安全管理

① 防止充电机受强烈振荡或持续暴露于高温和潮湿的环境中。

② 设备周边禁止放置易燃易爆物品、腐蚀性化学品、强电磁物品和金属导电物，不得堆放杂物。

③ 设备柜内、台上不得放置茶杯、壶、手机、钥匙等。

④ 设备柜内不得储物。

⑤ 机房、监控室及设备不能乱拉电线电缆、不能粘贴与设备无关的文件图片。

⑥ 电缆线上不得压置重物及有棱角的金属物体。

⑦ 严禁在充电枪或充电线缆存在缺陷，如出现裂痕、磨损、破裂、充电线缆裸露等情况下使用充电桩。

⑧ 不得使用正处于维护维修中的充电桩、插头进行充电操作。

⑨ 设备运行时不得做设备柜、台内外附着物的清洁和一切维护维修作业，包括紧固螺钉，更换零配件，移动电线电缆以及控制台。

⑩ 设备运行（充电过程中）时，非特殊情况不得拉闸断电。

⑪ 两次开机间隔时间不少于20s（切断输入电源）。

⑫ 严禁用尖锐物体或野蛮操作充电机触摸屏，按键操作时请勿用力过大。

⑬ 严禁用硬物涂刮充电机外壳，禁止使用呈酸性的液体或磨损性清洁剂擦拭充电机任何部位，以免损伤机壳。

⑭ 严禁充电机内凝露及有较严重的霉菌存在。

⑮ 严禁非专业人员拆卸、维修、改装充电设施。

⑯ 充电设施故障不能及时检修时，须设立警示标志和故障提示标语。

⑰ 遇雷雨天气和发生接地故障时，须注意存在跨步电压，操作者穿绝缘鞋，且离接地点远一些。

4.2.8 运营安全管理

① 配电箱钥匙须放置在值班室（监控室）的钥匙箱内，值班人员换班时须将钥匙箱的管理权限交接，并由当值人员对钥匙的数量和准确性进行清点、核查。

② 充电站正常运营期间，值班人员应定时巡查，遇雷雨、超负荷、电力紧张等情况时应增加巡视次数，充电过程须全程监控。对设备异常状态要做到及时发现，正确处理，做好记录，并向有关上级汇报。

③ 定期对道路及场区的排水设施进行全面检查和疏通，特别是雨季来临前，防止站内积水浸泡充电机底座或充电机进线电缆，充电机2m范围内不能有积水。

④ 下雨时对房屋渗漏、下水管排水情况进行检查，雨后检查地下室、电缆沟、电缆隧道等积水情况，并及时排水。

⑤ 设备室潮气过大时做好通风。

⑥ 应保持充电站、变配电室、充电房地面清洁卫生，电缆沟干净，盖板齐全。

⑦ 做好防水、防鼠、防盗工作，进出变配电室、充电房注意随手关闭好门窗，经常查看防护网、密封条防护情况，谨防小动物窜入而发生意外。

⑧ 设备室空调、散热风扇运行如有异常或者停止工作应及时维修或更换，不得无故延期处理。

⑨ 严禁携带任何易燃、易爆、腐蚀性、强电磁、辐射性等对设备正常运行构成威胁的物品进入充电站。

⑩ 充电站内严禁吸烟。

⑪ 严禁在充电站内使用与充电不相关的电气设备。

⑫ 充电站内不得从事与充电不相关的工作。

⑬ 非工作人员未经批准不得擅自进入监控室、充电房、配电室及充电区域。

⑭ 监控用的计算机不得做与监控工作无关的事情，禁止使用设备服务器（电脑）浏览网页。

⑮ 不得在监控室的设备上编写、修改、更换各类软件系统及更改设备参数设置。各类软件系统的维护、增删、配置的更改，各类硬件设备的添加、更换，平台数据的设置必须由专业厂家进行。

⑯ 设备不间断电源应定期检查、维护，不得作其他用途。

⑰ 充电站操作人员发现充电车辆明显异常时应告知客户，提示客户进行车辆维修。

⑱ 遇到紧急事故，应快速准确地断电，防止事故扩大。

⑲ 严禁无关人员插、拔充电枪或触摸充电设备。

⑳ 经常主动与供电部门联系，及时了解供电网络运行情况。

㉑ 认真做好值班记录、巡回记录和交接班记录。

4.2.9 充电操作安全要求

（1）充电前准备

① 充电桩上电、自检完毕后，系统进入充电界面，检查充电机状态指示灯应可正常点亮，充电机显示界面应能正常显示可操作，应无故障显示，充电机散热风扇应运转正常。

② 车辆进入充电区域，应停置于电缆插头能及的位置，拔下车钥匙并由专人保管，车门锁好，关闭低压电源总开关，确保充电过程中整车低压断开，确保充电过程中不会有人进行车辆检修或者其他任何与充电无关的操作。

③ 充电操作人员应戴绝缘手套进行充电作业，空气潮湿时还应穿绝缘鞋。

④ 确认高压手动快断器连接正常。

⑤ 检查充电枪及充电插座是否正常完好，紧固、干燥、无尘。

⑥ 检查充电线缆是否无破损。

（2）连接充电枪

① 将充电枪从充电桩固定架上取出，一手握充电枪，一手握充电电缆，提拉充电电缆进行移动，禁止提拉充电枪进行移动。

② 均匀用力将充电枪插入车辆充电插座，并确认充电枪锁止卡扣卡住插座凹槽，充电枪机械按钮弹起，使充电插头与车辆插座完全接触。

（3）充电

① 选择充电模式开始充电，充电机进行充电握手并开始充电，系统进入充电状态监控界面。

② 充电启动后，确认充电数据正常，并监控充电机的运行状态，出现中断和异常现象应立即停止充电，并通知充电维护人员处理，不得私自判断、处理。

③ 如发现充电机内部响声异常、电流电压显示异常、机内有不正常的气味或者烟雾产生、液晶屏显示异常、各信号指示灯显示异常等情况，应立即停止充电并切断配电室交流总开关，避免造成更多的元器件损害。

④ 电池接近饱和后，若电池电压上升较快，须立即停止充电，并及时反馈给相关技术人员，由技术人员处理。

⑤ 充电过程中车内不得有人员停留，严禁在充电过程中开启车门、启动车辆电源、移动充电车辆或进行其他作业。

⑥ 严禁在充电过程中拉、扯、摇、敲或拔出充电枪，须待充电自动终止或人工中止后方能对充电枪进行操作。

⑦ 充电过程中不要覆盖充电机，避免设备温度过高。

⑧ 如果在充电时车端发生异常，应立即按下充电机急停按钮，然后关闭配电室交流总开关。

⑨ 充电过程中严禁碰触充电机内部裸线部分。

（4）充电结束

① 非紧急、异常情况，不允许使用急停按钮停止充电过程，可等充电过程自动结束或点击充电机操作屏上"停止充电"按钮实现。如遇异常情况请按"急停"按钮，并断开配电箱内充电机电源，报告充电维护人员进行充电机故障排查。

② 应先按解锁按钮，机械解锁后均匀用力把充电枪拔出充电插座，禁止野蛮操作，以防损伤插座卡扣。

③ 一手握充电枪，一手握充电电缆，提拉充电电缆进行移动，禁止提拉充电枪进行移动。将充电枪线整理、清洁后挂在枪线支架上，插头插至插槽里，不得胡乱缠绕、随意放置。

④ 行车前，充电站操作人员应确认充电是否终止以及充电设备与电动汽车是否物理分离。

4.2.10 特殊天气充电安全管理

① 台风、暴雨、强雷等恶劣天气来临前须对充电设施进行防护。对于未设置遮雨棚的充电站场，雷、雨、雪天气须暂停充电作业，并关闭设备电源和配电室交流总电源；对于设置遮雨棚的充电站场，强台风、高强闪电、雷击频繁等恶劣天气危及安全的须暂停充电作业，并关闭设备电源和配电室交流总电源。

② 充电接口存在雨雪浸入的风险时禁止进行充电作业。

③ 雨天避免充电枪插针处与电动车插座暴露在雨中，避免雨水接触充电接口，防止金属腐蚀以及发生漏电现象。

④ 雨天禁止打开设备门，雨后要确保设备上无积水（尤其是设备门），方可打开设备门。

⑤ 雨后确保充电桩导线或铜排处无积水，充电插孔内无积水，方可充电。

⑥ 如遇空气湿度较大的情况，须先接通充电机电源，待散热风扇工作30分钟后才能开始充电。

⑦ 潮湿天气时应确认充电枪头与充电插座干燥，否则禁止充电。

⑧ 雨天发生漏电现象，应远离充电设备并立即切断配电室的交流总开关。

4.2.11 标志设置要求

① 充电站内设备及设施应根据规定设有符合现场情况和安全规程要求的标志牌。安全标志应清晰醒目、规范统一、安装可靠、便于维护，适应使用环境要求，并符合《国家电网公司安全设施标准》（Q/GDW 434.1/2）及《安全标志及其使用导则》（GB 2894）的规定。

② 安全标志牌应设在便于识别、醒目的位置。环境信息标志宜设在有关场所的入口处和醒目处，局部环境信息应设在所涉及的相应危险地点或设备（部件）的醒目处。

③ 安全标志牌不宜设在可移动的物体上（换电设备除外），以免标志牌随母体移动，影响认读。标志牌前不得放置妨碍认读的障碍物。

④ 多个标志在一起设置时，应按照警告、禁止、指令、提示类型的顺序，先左后右、先上后下地排列，且应避免出现相互矛盾、重复的现象。也可以根据实际情况，使用多重标志。

⑤ 有触电危险或易造成短路的作业场所安装的标志牌，应使用绝缘材料制作。

⑥ 充电站门口应设置减速带和限速5km/h标志。

⑦ 距离电压等级为10kV的高压设备0.7m处，应有明显的标志。

⑧ 充换电站、换电站内的换电设备应设置"随时启动，请勿靠近"警告标志及两侧警示线。

⑨ 高电压部位应贴上"高压危险、勿触摸"等警示，以防人员触及而发生意外触电事故。

⑩ 充电站应在相应的位置配挂设备标志、充电站安全要求、充电操作流程、车辆停放要求、充电站应急处置方法等。

⑪ 安全标志牌应定期检查，如发现破损、变形、褪色等不符合要求的情况时，应及时修整或更换。修整或更换时，应有临时的标志替换，以避免发生意外伤害。临时标志牌应采取防止脱落、移位措施。

4.2.12 充电站巡查和清洁管理

（1）巡查和清洁安全要求

① 设备维护及巡检人员须进行专业培训并取得资质后才能上岗。非专业人员禁止私自打开充电机柜体及其他配电设备进行作业。

② 高压设备巡查时应与带电体保持距离，当电压等级为10kV时，人体与带电体的距离不小于0.7m。

③ 线路上禁止带负荷接电或断电，并禁止带电操作。在断电清洁设备时，需要在对应的设备开关、操作手柄、断路器下方悬挂"有人工作，禁止合闸"类似标识，确保人身安全。

④ 用绝缘棒或传动机构拉、合高压开关时，应戴绝缘手套。雨天室外操作时，除穿戴绝缘防护用品外，绝缘棒应有防雨罩，并有人监护。

⑤ 清洁时需要戴安全帽、戴绝缘手套、穿绝缘鞋，以防砸伤、电击。

⑥ 进行现场清洁时，一人清洁操作，一人配合监督，严禁单人操作。

（2）巡查方法

每日进行巡查，并做好相关巡查记录。巡查设备时一般不处理发现的缺陷，发现问题要及时汇报，不要动手独自处理，如有较大的隐患，应暂停设备的使用并切断电源。具体巡查方法概括起来可分为：看、听、闻、摸、试。

① 看。主要看设备的外观和颜色变化有无异常，仪表数字显示有无异常变化，如看充电桩指示灯颜色、充电桩配电箱指示灯状态等。

② 听。主要听设备运行的声音是否正常，如根据充电桩工作时内部继电器声音来判断充电桩是否正常。

③ 闻。主要闻有无绝缘材料在温度升高时的烧煳气味，凭借设备内部发出的气味来诊断。

④ 摸。用手摸试，如充电桩表面是否有温度过高现象，内部是否有水汽凝结现象。

⑤ 试。试验验证，如按下充电桩内部断路器漏电测试按钮，断路器是否能够自动断开等。

（3）清洁方法

① 使用压缩空气、毛刷对充电枪内脏污进行清洁。如无上述条件，可以使用无尘

布或棉签对充电枪进行清洁。如果因意外情况（如充电枪丢弃、掉落在地上等），应及时采用上述方法进行清洁。

② 对充电机表面进行灰尘清洁。

③ 查看设备内部是否有积水或水汽凝结情况。如果有，应在断电的情况下，用干毛巾进行擦拭，并保证干燥后，方可使用设备。

④ 对设备内部进行灰尘清洁，防止内部绝缘性能下降，如遇恶劣环境，可视具体情形缩短清洁间隔时间。

⑤ 清洁充电桩、充电柜通风防尘网。

4.2.13 其他要求

① 各充电站管理单位生产安全综合应急预案应相应增加充电站防电气火灾、防电池火灾、防爆炸、防电击、防汛、防环境污染等应急处置措施，以及供电系统故障、停电、断网等突发事件的应急处置方案。

② 充电站应具备必需的技术资料，包括充电站设备说明书、充电站工程竣工（交接）验收报告、充电站设备修试报告。

③ 充电站巡查、清洁、维护、检测、维修记录应保留原始记录。记录应及时、准确、真实、完整。保存期限不少于3年。

④ 充电站技术资料应有专人管理，并建立有关管理制度。

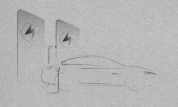

第 **5** 章

充电站规划和设计方案

现假定有一个露天停车场拥有80个停车位，需要在这个停车场的基础上新增33台120kW双枪的直流充电桩，把停车场升级为充电站。下面来做整个充电站的规划和设计。

5.1 设计依据

充电站必须严格按照国家相关规定来设计，设计依据如表5.1所示。

表5.1 设计依据

国家标准	
GB/T 17467—2020	《高压/低压预装式变电站》
GB 50169—2016	《电气装置安装工程 接地装置施工及验收规范》
NB/T 33001—2018	《电动汽车非车载传导式充电机技术条件》
GB/T 4208—2017	《外壳防护等级（IP 代码）》
GB/T 14549—1993	《电能质量 公用电网谐波》
GB/T 18487.1—2023	《电动汽车传导充电系统 第1部分：通用要求》
GB/T 27930—2023	《非车载传导式充电机与电动汽车之间的数字通信协议》
GB/T 20234.1—2023	《电动汽车传导充电用连接装置 第1部分：通用要求》
GB/T 20234.2—2015	《电动汽车传导充电用连接装置 第2部分：交流充电接口》
GB/T 20234.3—2023	《电动汽车传导充电用连接装置 第3部分：直流充电接口》
GB 50026—2020	《工程测量规范》
GB 50217—2018	《电力工程电缆设计标准》
GB 50054—2011	《低压配电设计规范》
GB 50150—2016	《电气装置安装工程 电气设备交接试验标准》
GB 50016—2014	《建筑设计防火规范（2018年版）》

5.2 项目概况

本项目为地面公共充电站，根据停车场车位规划情况，本次充电站选择原规划停车位改造为新能源充电车位，加装充电桩，停车场共计规划建设80个停车位。本次充电站初步规划建设33台120kW直流双枪充电桩，共计建设66个充电车位，根据功率计算须新配建5台800kV·A箱变，以及相关的消防设备、电站配套设施。

5.3　接电方案

本场站建设33台120kW直流双枪充电桩，设备总装机容量3960kW,结合站点设备总负荷、同时使用率等因素，配置2台环网柜、5台800kV·A的箱式变压器。变压器高压电路接入优先选择离场地较近的10kV电源点引入。具体情况以电网出具的答复书为准。

5.3.1　新建配电变压器选择

结合电动汽车充电站相关规范规定和现场实际，采用10kV单电源供电，低压0.4kV侧采用单母线接线方式。考虑到电动汽车充电站负荷变化大，本站选用低损耗节能型变压器，接线组别为D，Yn11，U_k=6%。10kV侧配置继电保护装置，就地安装在开关柜上，具备三段式过流保护、过负荷保护、接地保护，0.4kV侧开关采用开关自带的过流保护功能。

5.3.2　外网线路

10kV采用单回路电源供电，电源点选取场地旁电网10kV电路或环网柜供电，具体以电网公司出具的接电答复书为准。

5.3.3　低压配电侧

低压供电电压380V/220V，出线采用放射式向各充电桩供电，低压配电系统的接地保护制式采用TN-C-S系统。室外线路过路段采用电缆穿钢管保护，站区内线路采用电缆沟／预埋管敷设方案。

5.4　场地规划

场地规划设计基本原则是满足建筑防火、安全、卫生、环境保护及节约用地和减少工程投资等要求，结合项目实际合理布置，使规划设计与建筑物的使用功能相协调。如图5.1所示为充电站的规则设计图（其中点画线为高压电缆，细实线为低压电缆）。

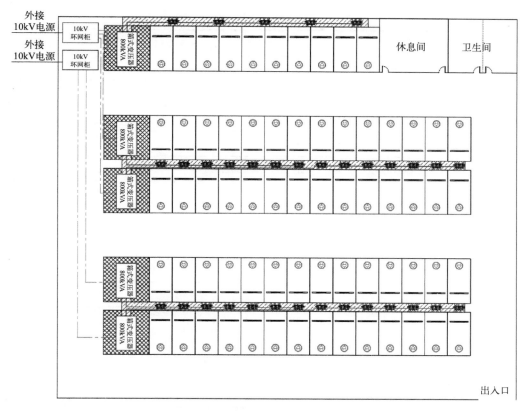

图5.1　充电站规划设计图

5.5　桩的选择

综合电力条件、建设成本、站点位置属性、服务车辆类型、运营效率及设备服务全面性，选用120kW双枪直流充电桩，能有效满足当前及未来不同用户的充电需求。充电桩充电方式支持扫码、刷卡和VIN充电，同时，充电桩采用联网版（4G/以太网），设备接入运营监控管理平台，实现寻桩导航、扫码充电、微信/支付宝支付与结算、充电在线监控等功能。充电桩的具体设备参数如表5.2所示。

表5.2　设备参数

类型	参数名称	参数数据
技术参数	充电桩产品型号	DC750120LY01
	额定输出电压/V	750
	输出电压范围/V	200～750（直流）
	模块数量	6

续表

类型	参数名称	参数数据
技术参数	系统最大输出功率/kW	120
	单枪最大输出电流/A	250
	枪线长度/m	5
输入参数	输入频率/Hz	50±15
	输入电压/V	三相五线，交流380±15%
	功率因数	≥0.99
	总谐波电流	≤3%（额定输入）
输出参数	输出稳压精度	<±0.5%
	输出电压/V	直流750
	输出稳流精度	≤±1%
	输出效率	≥95%
工作环境	工作温度范围/℃	−20 ～ +50
	存储温度范围/℃	−25 ～ +55
	工作湿度范围	0 ～ 95%
	工作海拔范围/m	≤2000
	安装倾斜度	≤5%
满足标准	GB/T 18487.1—2023	电动汽车传导充电系统 第1部分：通用要求
	GB/T 20234.1—2023	电动汽车传导充电用连接装置 第1部分：通用要求
	GB/T 27930—2023	非车载传导式充电机与电动汽车之间的数字通信协议
	GB/T 17626.2—2018	电磁兼容 试验和测量技术 静电放电抗扰度试验
	GB/T 17626.3—2023	电磁兼容 试验和测量技术 第3部分射频电磁场辐射抗扰度试验
	GB/T 17626.4—2018	电磁兼容 试验和测量技术 电快速瞬变脉冲群抗扰度试验
	GB/T 17626.5—2019	电磁兼容 试验和测量技术 浪涌（冲击）抗扰度试验
	GB/T 17626.11—2023	电磁兼容 试验和测量技术 第11部分：对每相输入电流小于或等于16A设备的电压暂降、短时中断和电压变化抗扰度试验
	NB/T 33008.1—2018	电动汽车充电设备检验试验规范 第1部分：非车载充电机
	NB/T 33001—2018	电动汽车非车载传导式充电机技术条件

类型	参数名称	参数数据
功能接口	BMS[1]接入	支持CAN接口BMS接入，配合BMS数据和后端充电柜，对车载蓄电池进行充电管理，提供12V或24V的BMS供电
	计量计费功能	计量准确度符合GB/T 29318和DL/T 645—2007的规定，支持费率设定
	人机界面	7in彩色触摸屏
	通信方式	以太网/4G（选配）
	充电操作	扫码/刷卡（选配）
	辅助电源	12V/24V（选配）
	散热方式	风冷
	紧急停机	应急开关具备将电动车辆电池与充电桩直流紧急断开功能
	指示灯	具有总电源指示灯、运行指示灯、故障指示灯
	柔性充电	支持
安全与防护	安全规范	符合NB/T 33001、NB/T 33008.1
	绝缘检测	对输出直流供电系统进行绝缘检测
	安全设计	急停控制、自检功能、绝缘检测、防雷保护、交流输入过压/欠压保护、直流输出过压保护、输出限流保护、短路保护、过温保护等
	外壳防护等级	IP54
	主动防护	支持
尺寸/mm	尺寸（$W×D×H$）（宽度×厚度×高度）	800×600×1750

5.6 服务能力

本项目采用定点、定制化的服务模式，主要为新能源车辆提供充电服务。本项目共建设66个快充充电车位，最多可以满足66辆新能源电动车同时充电。直流充电桩按照单车每次充电1.5小时计算，本站点全天可以服务1056车次的充电需求。用户可以通过手机APP、支付宝/微信充电小程序扫码充电与结算，整个充电过程实时监测，安全可靠。

---

[1] BMS：电池管理系统。

5.7 照明设计

电力电源电压采用交流380V/220V,TN-S系统供电。照明按实际现场需求配置。每四个车位中间可配置一套照明灯具，标准参照国标GB 50034—2013《建筑照明设计标准》照度及功率密度的要求值，停车区选用LED日光灯（球/方形）20W。

5.8 防雷设计

充电站建筑物属于第三类防雷建筑物。防雷与接地应满足《建筑物防雷设计规范》（GB 50057—2010）、《交流电气装置的接地设计规范》（GB/T 50065—2011）、《交流电气装置的过电压保护和绝缘配合设计规范》（GB/T 50064—2014）、DL/T 620《交流电气装置的过电压保护和绝缘配合》的有关规定。

充电桩的防雷接地、防静电接地、电气设备工作接地以及保护接地共用一套接地装置，且接地电阻不大于4Ω。所有回路采用TN-S接地方式，选用五芯动力电缆，所有充电桩采用PE总线接地，有条件时可在线路末端进行PE线重复接地，所有交流充电桩配置漏电保护开关，漏电电流选30mA，动作时间0.11s。

5.9 消防方案

根据《电动汽车分散充电设施工程技术标准》（GB/T 51313—2018），充电站按照严重危险等级配置灭火器。根据充电站火灾类型，场站应配备磷酸铵盐干粉灭火器。

根据《建筑灭火器配置设计规范》（GB 50140—2005）中严重危险级要求，单具灭火器最小配置灭火级别为3A，单位灭火级别最大保护面积50m²/A，充电站配置的手提式灭火器最大保护距离15m，推车式灭火器最大保护距离30m，以灭火器配置点为圆心，最大保护距离为半径作圆覆盖充电区域。按照停车场车位组配置灭火器，配置17组灭火器箱，每2个灭火器为一组，放在一个箱子里，配置5kg干粉灭火器34个。

5.10 形象设计

① 在充电站出入口处设置一套广告牌，用于充电站主要品牌形象展示及服务功能；在充电区域配置公告栏，用于展示充电操作步骤、充电注意事项、相关安全风险以及实际应急注意事项等；站点周边及内部增设充电导引指示。

② 停车场入口可按现场实际需求增设新能源电动汽车智能识别道闸，便于站点运营管理。

③ 充电车位可喷刷新能源充电车位专用标志，防止油车占位和新能源车辆超时占用。

④ 充电站建成效果参考图5.2所示。

图5.2　充电站建成效果

5.11　监控系统

站区布置可根据实际需求设置监控设备，对设备、车辆、周边等情况实时监控。

5.12　运营系统

充电站建设投运后，会面临费用结算、充值管理、定期巡检、日常维护、故障处理、数据汇总、指标核算、经营优化、提升效率等管理动作，需要依靠自动化的站级监控系统完成。采用智能能源网关＋云管理平台＋APP/微信服务的完整充电站运营解决方案，结合物联网、移动支付、云计算、分布式等先进技术，具备设备管理、资金结算、充电服务等功能。

5.13　收益测算

5.13.1　投资成本

本项目拟建设33台120kW直流双枪充电桩，5台800kV·A箱式变压器及附属设施，投资总金额预计500.5291万元（总投资以施工方勘测工程量及施工合同报价为准）。具体的成本计算如表5.3所示。

表5.3 充电站投资成本

序号	分项	项目名称	单位	数量	单价/元	小计/元	备注
1	电力高压施工部分	10kV环网柜（一进3出）	台	2	200000	400000	暂估
		箱式变压器800kV·A	台	5	180000	900000	暂估
		箱变基础	个	7	10000	70000	—
		箱变标准化	项	7	8000	56000	—
		变压器地网工程	项	7	9000	63000	—
		高压电缆YJV-8.7/15kV-3×240	m	200	720	144000	暂估
		高压电缆YJV-8.7/15kV-3×70	m	150	360	54000	暂估
		高压电缆 终端头 3×240	个	4	2500	10000	—
		高压电缆 终端头 3×70	个	10	1600	16000	—
		高压电缆 中间接头 3×240	套	4	1600	6400	—
		高压电缆 中间接头 3×70	套	10	800	8000	—
		高压电缆顶管敷设 3×240	m	300	882	264600	—
		高压电缆顶管敷设 3×70	m	150	240	36000	—
		供电相关手续、流程、检测报告	项	1	30000	30000	—
		小计1				2058000	—
2	电力低压施工部分	低压电缆（YJV-0.6/1kV-4×95+1×50）	m	1012	380	384560	—
		4×95+1×50铜电力电缆终端头及制作接线	套	66	680	44880	—
		低压电缆敷设	m	1012	80	80960	—
		电缆试验（耐压试验、绝缘试压）	路	33	420	13860	—
		电缆沟（花砖拆除、绿化苗木移植、余土外运、红砖砌筑电缆沟、水泥抹灰、电缆沟行车盖板）	m	110	857	94270	—
		接地网带	项	110	150	16500	—
		直流充电桩基础	个	33	1200	39600	与电缆沟组合
		电缆沟刷黄、黑条纹警示漆	m	110	100	11000	—
		充电桩安装	台	33	800	26400	—
		充电桩密封胶	个	33	40	1320	—
		张拉膜雨棚（低合金高强度结构钢，立柱ϕ219mm，壁厚6mm，新型耐久性张拉膜技术不发黄、不变形、使用寿命长达30年，投影5.5m）	m²	908	400	363200	—

续表

序号	分项	项目名称	单位	数量	单价/元	小计/元	备注
2	电力低压施工部分	雨棚基础1.2m×1.2m×1.5m（含基坑开挖、预埋件安装、电缆沟侧模板支护、C30混凝土浇筑、养护）	个	20	3000	60000	—
		电缆检查井	个	2	5000	10000	—
		防火封堵（聚氨酯+防火泥）	项	33	80	2640	—
		充电站指示牌	个	1	20000	20000	—
		公告栏	个	1	2500	2500	—
		车挡布置（花砖拆除、混凝土层钻孔、车挡安装、C30混凝土浇筑、抹面）	个	33	985	32505	—
		网络通信（带网络柜、光缆终端头、光收发/5G信号接收器、插排、托板）	项	3	3800	11400	—
		通信柜基础（800×800×300，地上高度300mm）	个	3	1250	3750	—
		光缆敷设4芯	m	300	5.5	1650	暂估
		监控录像机	个	1	10000	10000	—
		硬盘2T	块	2	5000	10000	—
		POE交换机	个	3	1000	3000	—
		摄像机及安装	个	15	2600	39000	结合雨棚安装
		监控杆及安装	个	4	1250	5000	—
		户外超五类网线及穿管敷设（含水晶头制作）	m	1012	10	10120	—
		ϕ20PVC线管敷设	m	1012	8	8096	—
		监控网线沟开沟（混凝土路面切割、人工破碎、恢复，40mm宽×50mm深）	m	50	62	3100	—
		监控辅材	项	1	800	800	—
		照明灯具（200WLED投光灯）安装	个	27	2500	67500	—
		RVV3×4照明灯具电缆穿管敷设	m	900	14	12600	—
		ϕ32PVC线管敷设	m	135	12	1620	—
		干粉灭火器（5kg手提式）	个	34	300	10200	17组带箱
		干粉灭火器（20kg推车式）	个	2	800	1600	—

续表

序号	分项	项目名称	单位	数量	单价/元	小计/元	备注
2	电力低压施工部分	户外配电箱（不锈钢）	个	3	5800	17400	—
		配电箱基础（砖砌1000×300×300，外侧抹灰）	个	3	1750	5250	—
		电力电缆YJV-0.6/1kV-4×35+1×16	m	50	87	4350	—
		φ76MPP电力电缆保护管及敷设	m	30	22	660	—
		休息室	个	1	80000	80000	—
		卫生间	个	1	50000	50000	—
小计2						1561291	—
3	充电桩设备	120kW直流充电桩	台	33	42000	1386000	—
小计3						1386000	—
合计						5005291	—

5.13.2　收入计算

本项目为新能源汽车提供充电服务，项目通过收取充电服务费回收项目投资。本项目总装机容量为3960kW，投建充电车位66个，充电站设备正常工作时长按360天/年、24小时/天计，充电桩利用率按15%计，充电服务费按0.4元/度计，充电桩每小时每把枪平均充电量按50度计算充电收益。经初步测算，本项目年充电量可达427.68万度电，第一年营收为171.072万元，具体如表5.4所示。

表5.4　充电站第一年营收

充电枪数/把	每日可充电量/kW·h	桩利用率	日实际充电量/kW·h	年实际充电量/kW·h	服务费/（元/度）	收入合计/元
66	79200	15%	11880	4276800	0.4	1710720

5.13.3　回收周期

以运营8年测算投资成本回收期。经测算，本项目在获得财政补贴后，税前财务内部收益率为18.52%，税前投资回收期为5.15年；税后财务内部收益率为10.31%，税后投资回收期为6.56年，具体如何计算可参见本书3.2节充电站盈利测算。

5.14 合作方式

方案一：合同签8年，充电服务费分润15%，每三年递增2%（第四～六年17%，第七～八年19%）。营收如表5.5所示。

表5.5 方案一营收 单位：元

第一年	第二年	第三年	第四年	第五年	第六年	第七年	第八年
256608	256608	256608	290822.4	290822.4	290822.4	325036.8	325036.8

方案二：合同签8年，固定车位租金，每个车位400元/月，每两年递增5%。营收如表5.6所示。

表5.6 方案二营收 单位：元

第一年	第二年	第三年	第四年	第五年	第六年	第七年	第八年
384000	384000	403200	403200	423360	423360	444528	444528

5.15 增值方案

① 充电站通过收取充电服务费回收项目投资，在项目进入运营期后，可根据市场需求进行适当调整。

② 建立充电会员机制。增设和完善会员用户功能，针对注册会员用户提供充电优惠服务，如充值+赠送服务、服务费优惠政策、累计充电量达特定数值时每月或每年可赠送充电次数等优惠政策，吸引新增客户及防止老客户流失。

③ 完善充电站现场配套设施，提升站点服务能力。

④ 充电站形象设计优化。可在站点周边增设充电站标示牌，提升站点曝光度。充电站可采用LED亮化灯设计，打造充电+观赏体验，吸引充电用户。

⑤ 签订大客户合作协议。针对出租车、网约车公司、物流、酒店物资配送等，具备较大的稳定充电量的企业洽谈合作。

⑥ 运营平台互联互通。通过平台互联互通市场上较大的知名度较高的充电平台，提升站点曝光度，从而提升站点的充电收益。

⑦ 站区2h充电停车免费，对超时车辆加收停车费用。

⑧ 媒体、广告宣传。

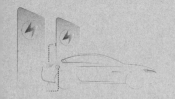

第 **6** 章

直流桩组成和工作原理

6.1 直流充电桩概述

直流桩也称为快充桩或直流快充桩，是一种用于电动汽车快速充电的充电设备。与交流桩不同，直流桩可以将高压直流电能直接输送到电动汽车电池中，从而实现快速充电。直流桩的充电速度通常比交流桩更快，可以在短时间内为电动汽车充满电。同时，直流桩也具备远程监控、远程控制和智能化管理等功能，能够更好地满足用户的充电需求。目前，直流桩已经成为电动汽车充电基础设施的重要组成部分之一，如图6.1所示为直流充电桩组成。

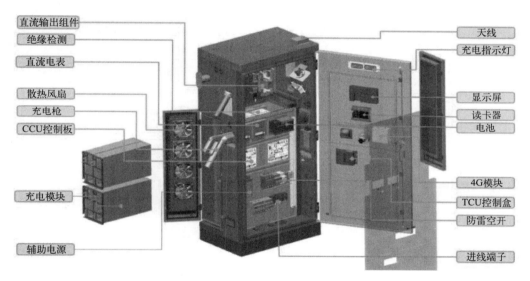

图6.1　直流充电桩组成

6.2 直流充电桩分类

直流充电桩的分类如表6.1所示。

表6.1　直流充电桩的分类

分类方式	名称	描述
安装地点	公共充电桩	建设在公共停车场，结合用车泊位，为社会车辆提供公共充电服务的充电桩
	专用充电桩	建设单位自有停车场，为单位内部人员使用的充电桩

续表

分类方式	名称	描述
充电枪数	单枪	只有一根枪的充电桩，一般交流桩比较多
	双枪	有两根枪的充电桩，直流和交流都有
	多枪	有三根以上的充电枪，一般是充电堆
按功率	30kW、60kW	出租车、物流车和乘用车使用的快充桩
	120kW 以上	公交大巴使用的直流充电桩
充电接口	CHAdeMO桩	CHAdeMO是日本的快充标准，CHAdeMO桩的充电接口为圆形7针插头，适用于日本和欧美市场的电动汽车
	CCS桩	CCS是由欧美汽车厂商联合推出的快充标准，CCS桩的充电接口为长方形插头，适用于欧美市场的电动汽车
	GB/T桩	GB/T是中国国家标准，GB/T桩的充电接口为带有两个圆形触点的矩形插头，适用于中国市场的电动汽车
	Tesla Supercharger桩	特斯拉公司自主的快充标准，其充电接口仅适用于特斯拉品牌的电动汽车

6.3 直流充电桩组成

直流充电桩从外到内主要有5大模块，分别是：直流桩外壳、直流充电枪、直流桩主控、直流桩充电模块和其他配套元件。

6.3.1 直流桩外壳

充电桩外壳，主要作用是固定/保护内部元器件，其中壳体从上到下包含指示灯、显示屏、刷卡器、急停按钮、外壳开关、空气过滤器和风扇，如图6.2所示为直流充电桩的外壳。

① 指示灯。指示整机运行状态，包含总电源、A枪和B枪，如果总电源不亮说明电源有问题，A枪和B枪哪个灯亮说明当前的枪处在运行状态。

② 显示屏。显示屏可以控制整机运行，显示整机运行状态及参数。

③ 刷卡器。支持物理刷卡启动充电桩和对充电费用进行结算。

④ 急停按钮。当有紧急情况可以按下急停按钮关闭充电桩。

⑤ 壳体开关。充电桩外壳的开关开启后可进到充电桩内部。

⑥ 空气过滤器。打开壳体开关可以看到充电桩壳体内部有个空气过滤器，主要作用是防尘。

图6.2　直流充电桩的外壳

⑦ 风扇。风扇的主要作用是散热，保护内部元件不会太热，一般在充电桩顶部。

6.3.2　直流充电枪

充电枪主要作用是连接汽车充电接口给汽车充电，直流桩充电枪按照目前新国标是9个孔。在充电桩上主要包含三部分：充电枪接线座、充电枪和充电枪枪座。如图6.3为直流充电枪。

图6.3　直流充电枪

① 充电枪接线座：连接充电桩，固定充电枪线体，充电枪从此接到充电桩壳体。
② 充电枪：连接充电桩和汽车充电口给汽车充电。
③ 充电枪枪座：充电枪在没有充电的情况下的放置处。

6.3.3　直流桩主控

直流桩主控是直流充电桩的大脑或者心脏，控制整个充电桩的运营和数据，如图6.4所示为直流充电桩主控。

图6.4 直流充电桩主控

（1）主控的组成

① 微控制器：充电桩主控的核心处理器，负责控制整个充电桩系统的运行。它集成了CPU、存储器（Flash和RAM）、计时器、定时器、ADC/DAC等功能模块，可以实现数据采集、信号处理、通信控制等功能。

② 电源管理芯片：负责对电源进行管理和监测。它能够提供多种电压输出，保证系统在各种工作状态下的电源需求，同时还可以对电池进行充电和保护。

③ 通信接口芯片：用于实现充电桩与车辆、网络以及其他外设之间的通信协议，如CAN总线、RS232/485串口、以太网口等。

④ 电源开关芯片：用于控制电源的开关，可以实现快速切换和精准控制。

⑤ 变流器：将交流电转换为直流电，或者将直流电转换为交流电，实现电池和车辆之间的能量传输。

⑥ 充电控制芯片：用于控制充电过程中的电流、电压、功率等参数，保证充电效率和安全性。同时还可以实现动态调整充电速度和时间，并提供保护功能，如过载保护、短路保护、过温保护等。

⑦ 显示器芯片：用于控制显示屏的显示内容和格式，让用户可以清楚地了解充电桩的运行状态和充电数据。

（2）主控工作原理

① 电源供应：充电桩主控需要一个可靠的电源来运行。通常情况下，充电桩主控会使用交流电源，它可以通过插头连接到家庭或者商业电网上。当然，如果是在户外公共场所，也有可能使用太阳能板等可再生能源。

② 控制电路：充电桩主控需要控制电路来确保充电桩正常工作。控制电路通常由微处理器和其他逻辑元件组成。微处理器是充电桩主控上最重要的组成部分，它可以处理并执行各种命令和指令，以确保充电过程的安全和可靠性。

③ 通信模块：充电桩主控还需要一个通信模块，用于与充电桩的用户界面、充

电桩控制中心和其他设备进行通信。通信模块可以使用传统的有线通信方式，比如RS232，或者使用更现代的无线通信方式，比如蓝牙或Wi-Fi等。

④ 充电管理：充电桩主控需要管理充电过程。它会在用户输入相关信息后，向电池发送充电请求，并在确认电池状态和需求后，控制充电桩的输出电压、电流等参数以确保充电安全并提高充电效率。

⑤ 监测和故障检测：最后，充电桩主控需要监测充电桩的工作状态，并在出现故障或损坏时进行报告和修复。它还可以记录使用日志，从而帮助维护人员分析问题并优化充电桩的性能。

6.3.4　直流桩充电模块

充电桩充电模块的主要作用是将交流电转直流电，同时根据汽车BMS系统给汽车电池输送指定的电流和电压并充电。一个充电桩可以同时装多个充电模块，充电模块是充电桩核心模块，在费用上也占据了充电桩物料成本的70%。

（1）充电模块组成

① 电源管理模块：负责对输入的电网电压进行变换和转换，将其变成适合给车辆充电的电能。

② 控制器：负责实现充电桩的各项功能，如开启/关闭充电、检测车辆状态、控制输出功率等。控制器一般由微处理器、存储器、时钟等构成。

③ 交流-直流转换器：将输入的交流电转换为直流电，供电给电动汽车充电。这个部分也称为整流器或者充电机。

④ 滤波器：用于去除电源中的高频谐波，以确保输出的电能质量良好。

⑤ 安全保护模块：包括过流保护、过热保护、漏电保护等，保证在充电过程中车辆和设备的安全。

⑥ 通信模块：与后台互联网端通信，支持用户使用手机APP或者公共充电桩刷卡等方式进行充电操作，同时还可以实现远程监控设备状态等功能。

⑦ 传感器：部分充电桩可能配备传感器，用于检测车辆状态、温度、湿度等环境参数，以保证充电过程的顺利进行。

（2）充电模块工作原理

直流桩充电模块的工作原理是将交流电源转换为直流电源，并控制电流和电压安全地给电池充电，并监测充电状态和故障，最终与充电管理系统进行通信，记录充电数据和监测充电过程。

① 输入电源转换：直流桩充电模块将交流电源转换为直流电源，以便充电。

② 电流控制：直流桩充电模块控制输出电流，以防止过流和过热。

③ 电压控制：直流桩充电模块控制输出电压，以确保电池能够安全充电。

④ 充电状态监测：直流桩充电模块监测电池的充电状态，以便在电池达到所需充

电水平时停止充电。

⑤ 故障检测：直流桩充电模块监测充电过程中的故障，例如电池过热或过充电，以确保充电过程安全。

⑥ 通信控制：直流桩充电模块与充电管理系统进行通信，以便记录充电数据和监测充电过程。

6.3.5 其他配套元件

充电桩其他配套元件各个充电桩生产厂家不尽相同，但主要作用都是保证充电桩充电过程的安全和数据采集等作用。这里列举几个：

① 端子排：主要作用是接电线用。

② 电磁继电器：主要作用是电路切换控制装置。

③ 直流电表：充电电量计算装置。

④ 断路器：电路切换装置。

⑤ 浪涌保护器：浪涌保护装置，主要作用防雷。

⑥ 漏电保护器：切断及漏电保护装置。

⑦ 辅助电源：辅助电源给主控单元、显示模块、保护控制单元、信号采集单元及刷卡模块等控制系统进行供电。

⑧ 熔断器：保护电路安全。

6.3.6 直流桩配件清单表

如表6.2所示为某品牌120kW直流双枪充电桩的配件清单表。

表6.2 120kW直流双枪充电桩的配件清单表

名称	型号	单位	数量
充电控制单元	6511	只	1
CPU卡刷卡器	MT626V202	只	1
解锁控制板	6511-V11	只	1
4G模块	JC	只	1
天线	JC	只	1
壳体	750×550×1700	台	1
触摸屏	DMG80480T070-15WTR	只	1
整流模块	REG75050 20kW	只	6
漏电断路器	DZ47LE-32 1P+N C32A	只	1
塑壳漏电断路器	NXMLE-250S/250A	只	1

续表

名称	型号	单位	数量
开关端子	FJ6/100	只	1
浪涌	4P 40kA	只	1
直流电能表双路	DCM3366D-J2 750V 300	只	1
分流器	300A 75mV	只	2
直流接触器K1K2	300A	只	4
直流熔断器	300A	只	2
辅助电源	LRS-150W-12V	只	3
充电枪	250A/5m	只	2
中间继电器	JZX-22F(D)/2Z	只	1
底座		只	1
继电器固定件	PYC+－A1	m	1
急停按钮	XM38	只	1
磁性急停按钮罩	50×32	个	1
金属信号灯	ND16-22DS/2 12V 黄	只	1
金属信号灯	ND16-22DS/2 12V 绿	只	2
金属信号灯	ND16-22DS/2 12V 红	只	1
门禁开关	Z-15GW2-B	只	1
绝缘隔离柱	3.5mm×7mm×17mm/ABS 外购	只	1
铜柱	M3×25+6	个	4
十字槽盘头组合螺钉	M4×16/镀镍	个	17
十字槽盘头组合螺钉	M3×8/镀镍	个	4
防滑螺母	M3/镀镍	个	6
十字圆头螺钉	M4×6	个	2
十字槽沉头螺钉	M3×30/不锈钢/本色	个	2
十字槽沉头螺钉	M2×8/镀镍	个	4
防滑螺母	M4/镀镍	个	6
防滑螺母	M6/镀镍	个	2
平垫圈 C 级	φ6/镀镍	个	2
标准型弹簧垫圈	φ6/镀镍	个	2
十字槽沉头螺钉	M4×10/不锈钢/黑色	个	2
十字槽沉头螺钉	M3×10/不锈钢/本色	个	18

6.4 直流充电桩安装

设备运抵现场后，检查随机资料、配件是否齐全，确认桩体外观无损坏、松动等异常现象后，方可安装。设备安装流程如图6.5所示。

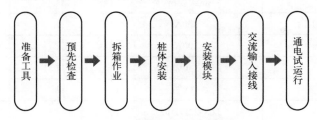

图6.5 直流充电桩安装流程

6.4.1 准备工具

需要准备的工具有：万用表、十字螺丝刀、绝缘扳手、绝缘力矩扳手、两用扳手、液压钳和斜口钳等。

6.4.2 预先检查

将充电桩从包装箱中移出之前，应注意检测包装箱是否有损坏，然后检视充电桩是否有凹痕或损伤，若有任何损坏，应立即与供货商联系。

6.4.3 拆箱作业

拆除充电桩打包带、外包装箱及箱体保护膜。

6.4.4 桩体安装

① 桩体安装四周须满足不小于1m的操作空间；

② 充电桩必须安装在定制的混凝土水泥基座上；

③ 安装基础高出水平地面不小于150mm，安装垂直倾斜度不超过5%；

④ 将桩体固定孔对准水泥基础上的螺杆，放在水泥基座上，用螺栓打紧锁死；

⑤ 充电桩与水泥基座有可靠的接地连接，接地电阻必须≤4Ω；

⑥ 充电桩安装地方的排水系统应当保持通畅，不应设在地势低洼和可能积水的场所，并应避免电缆沟积水。

6.4.5　安装模块

将检查完的模块依次插入充电桩系统，拨码顺序如图6.6所示。

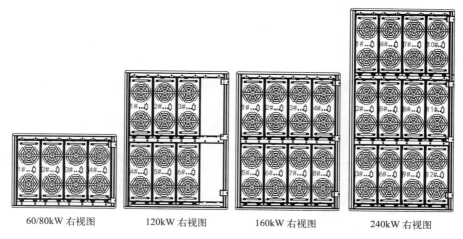

60/80kW 右视图　　120kW 右视图　　160kW 右视图　　240kW 右视图

图6.6　充电模块安装

6.4.6　电缆接入

① 系统采用下进线方式，所有进线均从机柜底座上的进线孔处引入。

② 系统输入共5根线（U、V、W、N、PE），. 相线（U、V、W）分别接于塑壳断路器电源接线端，零线N及地线PE分别接于对应铜排，具体如图6.7所示。

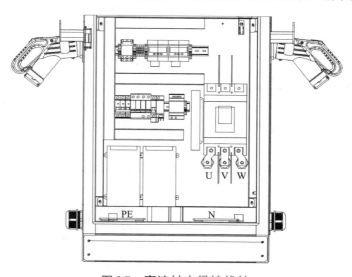

图6.7　直流桩电缆接线处

注意事项：

① 接线之前，须先将"塑壳断路器"切在断开位置。

② 确保系统交流接地线牢固地接在接地端子上。

③ 接线完成后，确保其正确无误、牢固可靠。

6.4.7 通电运行

确定所有安装程序都已经完成，此时便可先进行系统的启动，其程序如下：

① 安装完毕之后，确认防雷空开始终处于"on"状态。

② 先合上三相供电空开，待监控界面完全启动后合上系统供电回路空开。如果供电及通信正常，这时触摸屏处于待机界面且无告警提示。

③ 如果需要更换模块，则需要先关闭系统所有交流空开，然后重复以上步骤。

6.5 直流充电桩工作原理

① 用户通过手机 APP/ 小程序启动充电，启动信息经过服务器下发给充电桩。

② 充电桩内的辅助电源开始启动，辅助电源给主控单元、显示模块、保护控制单元、信号采集单元及刷卡模块等控制系统进行供电。

③ 汽车 BMS 系统把电池充电需求发送给充电桩主控，主控再下发电池充电需求给充电模块，充电模块根据电池需求给电池充电。

在整个过程中，三相 380V 交流电经过 EMC 等防雷滤波模块后进入到三相四线制电表中，三相四线制电表监控整个充电机工作时的实际充电量。如图 6.8 所示直流充电桩电气结构图。

6.6 直流充电桩充电流程

结合实际用户的使用场景，直流桩的充电流程分四个步骤。

第一步：插枪

用户从充电桩拔枪并插入汽车充电口，枪和车的物理连接完成。

第二步：扫码启动

用户使用手机小程序或打开 APP 扫描桩上的二维码，获取充电桩唯一编码和充电枪编码等，同时确保账户里有足够的余额，然后点击小程序 /APP 上的【启动充电】。

第三步：开始充电

手机把充电桩唯一编码、充电枪编码、用户身份信息通过网络发送给服务器。服务器判断用户身份、用户权限和用户余额，如果可以，服务器通过网络给充电桩发送

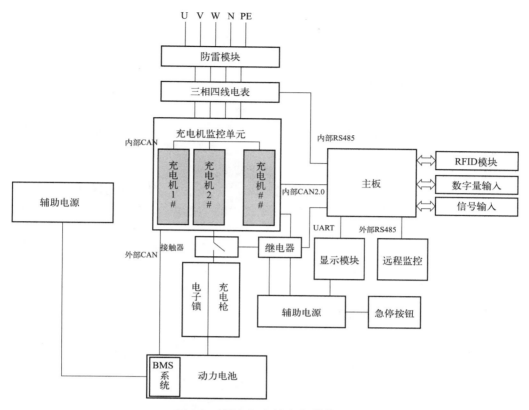

图6.8 直流充电桩电气结构图

启动命令，桩的辅助电源开始工作供电给汽车BMS，汽车BMS给主控充电需求信息。充电桩主控下发充电需求信息给充电模块，充电模块开始给汽车电池充电。

第四步：停止充电

结束充电，把枪放回枪座。

6.7 直流充电桩检查手册

6.7.1 充电车位环境检查

① 检查充电车位清洁情况，有无杂物。

② 照明情况是否良好，有无应急照明。

③ 充电桩表面、充电桩上有无异物。

④ 检查充电桩供电及通信线管道或桥架连接是否良好，有无断裂情况。

⑤ 检查充电位消防设施，充电位的消防设施是否齐全。

⑥ 有无应急消防操作指导。

⑦ 核对充电桩运行保养记录，了解机组运行保养状况。

6.7.2 充电桩整体状况检查

① 充电桩底座是否有损坏、裂痕、倾斜现象。

② 检查充电桩本身及布线管道或桥架各部件的安装情况，各附件安装的稳固程度，及固定膨胀螺栓相连是否牢靠。

③ 充电桩固定情况检查，有无脱落、晃动现象。

④ 充电枪是否脱落，枪头是否插在枪位内，充电桩内部及枪头内部有无残留的水。

⑤ 充电桩接线端子和通信线接线端子有无松动、烧黑，充电桩内部元器件是否安装牢靠、无损伤、无脱落。

⑥ 充电桩电缆布线合理，使用软线连接，各接线端子连接紧密无松动。

⑦ 充电桩内接地端子是否有明显的标志，并接地良好。

6.7.3 充电桩配电柜的检查

① 配电柜柜门是否上锁，柜体上电源指示灯是否正常，配电柜是否掉落、倾斜，配电柜表面和内部是否有水汽。

② 配电柜内部是否安装防护网，柜门与柜体之间是否可靠接地。

③ 配电柜上方桥架是否松动，桥架盖板有无脱落现象。

④ 配电柜内部断路器接线螺栓是否有烧毁、烧黑现象，配电柜内部电流互感器、铜牌、接线端子是否有烧毁、烧黑现象。

⑤ 断路器下方至充电桩配线是否排列整齐，线缆有无松动现象。

⑥ 配电柜内部接地铜排上接地线是否有松动、是否牢靠。

6.7.4 充电桩外观安全检查

① 充电桩是否破损、变形、掉落。

② 充电桩防尘网灰尘沉积是否严重。

③ 充电桩充电接口防水保护罩是否掉落、破损。

④ 充电桩门锁是否损坏，柜门是否关闭。

⑤ 充电桩内部接地线是否脱落、松动，断路器、防雷器外观是否有损伤。

⑥ 充电桩内部是否有异味，有烧煳、黑色灰尘。

⑦ 充电桩内部电源、通信接线是否牢靠，有无松动。

⑧ 充电桩外部配电管道或桥架卡扣螺栓是否有松动、脱落。

⑨ 充电枪接口防护罩是否脱落。

6.7.5 充电桩基础功能检查

① 使用管理卡或使用 APP 扫描对每一台充电桩进行功能性检查。

② 充电桩是否供电，指示灯是否亮起。

③ 充电桩显示屏是否亮起。

④ 检查刷卡器是否能够正常刷卡。

⑤ 检查充电桩设备是否与互联网连接。

⑥ 检查充电接口是否能够使用。

6.7.6 电气及控制系统检查

① 进线电缆和枪头的选用是否适合充电桩输入电压以及额定电流。

② 充电桩是否良好地接地，端子是否有明显的标志。

③ 充电桩独立电气回路对地及回路间的绝缘电阻应不低于规定。

④ 电缆的接线端子是否连接紧密并牢固。

⑤ 充电桩配电电线及内部控制线有无老化。

⑥ 检查充电桩控制电路板、内部各个设备有无老化。

⑦ 检查充电桩供电端电压、对地电压，是否在正常值范围。

⑧ 检查充电桩漏电电压、电流是否在正常值范围。

⑨ 使用红外线测温仪对设备的主控、模块、铜牌等部位进行温度检测。

⑩ 按下漏电开关的漏电测试按钮，检测漏电开关是否会自动分断。

注意：在日常检查过程中，如涉及触碰设备内部，必须断开一级电源，停电作业，严禁一切带电检查及施工作业。

6.8 直流充电桩故障处理

6.8.1 充电模块故障

① 可能原因1：直流电能表与控制板之间 RS485 通信线松动。

处理方法：万用表检查直流电能表与控制板 RS485 通信线路是否连接异常，查看直流电表通信指示灯是否闪烁。如果指示灯不闪烁，说明充电模块故障，可考虑更换充电模块。

② 可能原因2：充电模块 CAN 通信异常或模块原因无法输出。

处理方法：用万用表检查充电模块与控制板 CAN 通信线路是否连接异常，打开右侧门查看充电模块是否亮起故障灯，或充电模块显示故障码，如有故障应及时联系厂家或更换同型号的充电模块试验排查。

6.8.2　无法涓流充电

① 可能原因1：车辆异常。

判定方法：车辆电池异常，充电电流小于10A，持续时长超过10min自动停止充电。

② 可能原因2：直流电能表异常。

判定方法：直流电能表采集数据异常，电流小于10A，持续时间超过10min自动停止充电。

6.8.3　BMS通信故障

① 可能原因1：电动汽车的BMS异常。

判定方法：更换车辆进行尝试或重新插拔充电枪再次尝试。

② 可能原因2：车辆未获取充电桩提供的辅助电源。

判定方法：是否插好充电连接线缆、通信线是否松动，屏蔽线是否接地，辅助电源接线是否松动。

③ 可能原因3：充电连接线未连接到位或通信线松动。

判定方法：使用万用表检测S+、S-通断性。

④ 可能原因4：充电机和电动汽车通信协议不匹配。

判定方法：抓取通信报文，反馈厂家现场解决。

6.8.4　急停按钮被按

可能原因：充电桩正常情况下被人为按下急停按钮，且按钮按下后一直没有恢复。

处理方法：让按钮恢复正常。

6.8.5　避雷器故障

可能原因：接触器前端避雷器出现警告。

处理方法：①避雷器插接不到位，用力往里按压一下避雷器。

② 检查避雷器安装接触触点。查看玻璃窗口；"绿色"为正常；"红色"为异常，如异常，需要更换避雷器。

6.8.6　显示屏故障

可能原因：屏幕通信中断。

处理方法：①屏幕的通信线端子松动，重新拔插通信线。

② 控制板死机，需要断电重启。

6.8.7 指示灯故障

可能原因：设备交流电失电。

处理方法：检查充电桩内部或上端配电箱（柜）内断路器是否跳闸，如发现跳闸，请查明原因再合闸，建议找电工排查。

6.8.8 锁枪

可能原因：充电枪枪头按键按不动。

处理方法：根据枪头解锁方法进行手动解锁。

6.8.9 跳枪

① 可能原因1：绝缘检测异常，系统绝缘性达不到标准要求。

② 可能原因2：充电枪头温度过高。

③ 可能原因3：充电过流。

6.8.10 插枪无反应

① 可能原因1：枪头的CC1电阻失效。

处理方法：使用万用表在枪头处测量枪头电阻情况，如果确定是枪头问题，需要更换充电枪。

② 可能原因2：主控板CC1检测失效。

处理方法：替换法测试，若主控板CC1失效，需要更换主控板。

6.9 直流充电桩相关标准

（1）国家标准

GB/T 18487.1—2023《电动汽车传导充电系统 第1部分：通用要求》

GB/T 20234.1—2023《电动汽车传导充电用连接装置 第1部分：通用要求》

GB/T 20234.3—2023《电动汽车传导充电用连接装置 第3部分：直流充电接口》

GB/T 27930—2023《非车载传导式充电机与电动汽车之间的数字通信协议》

（2）行业标准（能源局）

NB/T 33001—2018《电动汽车非车载传导式充电机技术条件》

NB/T 33008.1—2018《电动汽车充电设备检验试验规范 第1部分：非车载充电机》

（3）企业标准（国家电网）

Q/GDW 1233—2014《电动汽车非车载充电机通用要求》

Q/GDW 1591—2014《电动汽车非车载充电机检验技术规范》

Q/GDW 1235—2014《电动汽车非车载充电机 通信协议》

（4）欧洲标准

欧盟对充电桩的标准主要由欧洲标准化委员会（CEN）和欧洲电工标准化委员会（CENELEC）制定，其中，最主要的标准为 EN 61851。

（5）美国标准

美国对充电桩的标准主要由美国国家标准协会（ANSI）和美国电气与电子工程师协会（IEEE）制定，其中，最主要的标准为 SAE J1772。

（6）日本标准

日本对充电桩的标准主要由日本电气工业协会（JEITA）和日本自动车工业协会（JAMA）制定，其中，最主要的标准为 CHAdeMO。

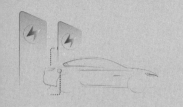

第 7 章

交流桩组成和工作原理

7.1 交流充电桩概述

交流桩固定安装在电动汽车外，与交流电网连接，为电动汽车车载充电机提供交流电源的供电装置。交流桩输出单相/三相交流，电通过车载充电机转换成直流电给车载电池充电，功率一般较小（有7kW、22kW、40kW等功率），充电速度一般较慢，故一般安装在小区停车场等地。如图7.1所示为交流桩的组成。

图7.1 交流桩的组成

7.2 交流充电桩分类

交流充电桩的分类如表7.1所示。

表7.1 交流充电桩的分类

分类方式	名称	描述
安装地点	公共充电桩	建设在公共停车场，结合用车泊位，为社会车辆提供公共充电服务的充电桩
	专用充电桩	建设在单位自有停车场，为单位内部人员使用的充电桩
	自用充电桩	建设在个人自有车库，为私人用户提供充电的充电桩
安装方式	落地式充电桩	适合安装在不靠近墙体的停车位
	挂壁式充电桩	适合安装在靠近墙体的停车位
充电枪数	单枪	只有一根枪的充电桩，一般交流桩比较多
	双枪	有两根枪的充电桩，直流和交流都有

7.3 交流充电桩组成

交流桩从外到内主要有4大模块，分别是：交流桩立柱、交流桩壳体、交流充电枪、交流桩主控。

7.3.1 交流桩立柱

交流桩一般有壁挂式和落地式，落地式一般需要立柱，立柱是落地式充电桩的重要组成部分，采用高强度铝合金材料制成。它是充电桩的支撑结构，支撑着电池充电时所需的重要部分，因此其质量和结构的稳定性非常重要。如图7.2所示为交流桩立柱。

图7.2　交流桩立柱

7.3.2 交流桩壳体

充电桩外壳，主要作用是固定/保护内部元器件，其中，壳体从上到下包含：指示灯、显示屏、刷卡器、急停按钮、外壳开关。如图7.3所示为交流桩壳体。

① 指示灯：指示整机运行状态。

② 显示屏：显示屏可以控制整机运行，显示整机运行状态及参数。

③ 刷卡器：支持物理刷卡启动充电桩和对充电费用进行结算。

④ 急停按钮：当有紧急情况时，可以按下急停按钮关闭充电桩。

⑤ 外壳开关：充电桩外壳的开关，开启后可进到充电桩内部。

图 7.3　交流桩壳体

7.3.3　交流充电枪

充电枪主要作用是连接汽车充电接口给汽车充电。交流桩充电枪按照目前新国标是 7 个孔。在充电桩上主要包括三部分：充电枪接线座、充电枪和充电枪枪座。如图 7.4 所示为交流桩的充电枪。

图 7.4　交流桩的充电枪

① 充电枪接线座：连接充电桩，固定充电枪线体，充电枪从此接到充电桩壳体。
② 充电枪：连接充电桩和汽车充电口给汽车充电。
③ 充电枪枪座：充电枪在没有充电情况下的放置处。

7.3.4　交流桩主控

交流桩主控是交流充电桩的大脑或者心脏，控制整个充电桩的运营和数据。主控的核心模块如图 7.5 所示。

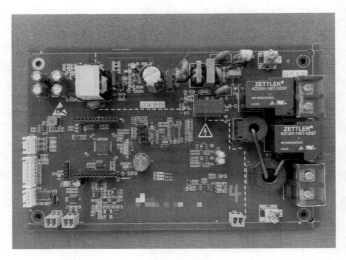

图7.5 交流桩主控

（1）微处理器模块

微处理器是交流桩主控的核心组件之一，可以处理来自用户的命令并相应地控制交流桩的运行。这个模块包括中央处理器（CPU）、存储器、时钟以及其他必要的集成电路。

（2）通信模块

交流桩需要和后台服务器以及移动端进行通信，通信模块可以提供多种接口，例如以太网、RS485、小区网络等。这个模块主要负责将交流桩的数据传输到后台服务器或移动端，以实现远程监控和管理。

（3）充电控制模块

这个模块与交流桩主控上的其他电子元器件连接，以控制整个充电过程。它负责识别车辆型号、确认充电需求，确定合适的充电方式和充电功率，并监控充电过程中的各种参数，如充电电流、电压等。

（4）安全保护模块

在交流桩主控中，安全保护模块负责确保充电过程的安全性和可靠性。它能够检测电池电量、充电过程中的电压和温度等数据，并通过系统控制保证充电过程中车辆和用户的安全。

（5）传感器模块

传感器模块可以收集交流桩主控所在环境的各种数据，例如气温、湿度、可燃气体浓度等。这些数据可以用于优化交流桩的使用效率，确保整个充电过程的安全性、可靠性和高效性。

7.4 交流充电桩安装

将充电桩从包装箱中移出之前，应注意检测包装箱是否有损坏，对照发货装箱清单，检查随机附件型号是否齐全、正确。如发现附件缺少或型号不符，应及时做好现场记录，并立即与制造商联系。同时需要准备的工具有：万用表、电钻、绝缘扳手、压线钳和斜口钳等，在完成以上工作后还需要线缆，线缆选择规则如表7.2所示。

表7.2 交流桩选择线缆规则表

线缆名称	线缆规则	长度
电力电源线	3m×6m及以上电源电缆线	以具体施工长度为准

完成以上准备后就可以安装了，具体步骤如下：

① 选择合适的位置：首先，要选择合适的位置来安装充电桩。最好选择离电源近、停车方便的地方。

② 确定电源接口：根据交流充电桩的功率和电压确定电源接口的类型和参数，并选择合适的电源接口。

③ 固定底座：使用膨胀螺栓将底座固定在地面上。

④ 接线：按照交流充电桩的接线图，将充电桩与电源连接。

⑤ 调试测试：连接电源进行调试测试。如果需要连接网络进行测试，须确保充电桩能够正常工作。

⑥ 启用充电桩：在所有测试都通过后，启用充电桩。

7.5 交流充电桩工作原理

交流充电桩的工作原理是连接交流电网，为新能源汽车车载充电机提供交流电源。交流充电桩本身没有充电功能，只是控制电源，由于车载充电机的功率不是特别大，大部分为3.5kW和7kW，交流桩充电速度相对来说比较慢。当电动汽车停放在交流充电桩区域内，车身与充电桩端口对接后，空气开关会自动闭合，电源指示灯亮起，按下启动按钮后，空气开关就会断路，电动汽车正常充电。如图7.6所示为交流桩的电气工作原理。

交流充电和直流充电的区别如下：

① 充电原理：交流充电是通过交流电源向电动车的电池充放电。在交流充电过程中，电源会提供一个交流电流，它频繁地在正、负两个方向之间变化。电动车的充电器会将交流电流转换为所需的直流电流向电池充电。交流充电的主要特点是充电设

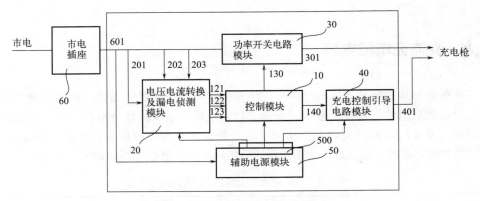

图7.6　交流桩的电气工作原理

备简单、成本低廉，且适用于大部分普通家庭电源。直流充电则是通过直流电源向电动车电池充电。直流充电设备通常使用特殊的直流充电桩，其内部包含直流充电机和电动车的充电插头之间的连接。直流充电机会将交流电源转换为直流电源，并直接将电流传输到电动车的电池中，以实现快速充电。相比之下，直流充电具有充电速度快、充电效率高的优点，适用于需要快速充电的场景，如高速公路服务区或电动车充电站。

② 充电方式：交流充电是使用交流电源为电动汽车提供电能的充电方式，直流充电则是指充电设备将电网的交流电进行整流后再输入车辆的充电行为。

③ 充电功率：交流充电功率一般较小，也称为慢充；直流充电功率较大，因此也称为快充。

④ 充电流程：交流充电需要使用交流充电桩，中间需要经过车载充电机和电池管理系统两道关卡；直流充电需要使用直流充电桩。

⑤ 充电接口：电动汽车上一般有两种充电插座：7个孔的交流插座和9个孔的直流插座。

7.6 交流充电桩充电流程

结合实际用户的使用场景，交流桩的充电流程有四个步骤。

（1）第一步：插枪
用户从充电桩拔枪并插入汽车充电口，枪和车的物理连接完成。

（2）第二步：扫码启动
用户使用手机小程序或点击APP扫描桩上的二维码，获取充电桩唯一编码和充电枪编码等，同时确保账户里有足够的余额，然后点击小程序/APP上的【启动充电】。

（3）第三步：开始充电

充电桩发送"充电激活信号"和"交流充电连接信号"给VCU❶和BMS。VCU检测到"充电激活信号"和BMS发出的"交流充电连接信号"，吸合"慢充高压继电器"并控制慢充电子锁执行"闭锁逻辑"。BMS通过CP回路电压检测车端枪头是否插接良好，并通过检测CP回路阻值识别"电缆的额定容量"，通过检测CP回路的PWM信号确认交流充电桩的最大供电电流，BMS将前两者与OBC发送的"额定输入电流值"进行取小，设定为OBC的"最大允许输入电流值"，设定车载充电机输入电流，并将充电电压及充电电流信息发送给OBC。BMS吸合充电继电器，并通过CAN报文发送"车载充电机控制命令"，OBC收到后启动充电。

（4）第四步：停止充电

结束充电，把枪放回枪座。

7.7 交流充电桩相关标准

（1）国家标准

GB/T 20234.2—2015《电动汽车传导充电用连接装置 第2部分：交流充电接口》

GB/T 18487.1—2023《电动汽车传导充电系统 第1部分：通用要求》

（2）行业标准

行业标准主要由中国汽车工业协会、中国电力设备行业协会等制定，如《新能源汽车充电设施技术规范》《电动汽车充换电站设计规范》等。

（3）欧洲标准

欧盟对充电桩的标准主要由欧洲标准化委员会（CEN）和欧洲电工标准化委员会（CENELEC）制定，其中最主要的标准为EN 61851。

（4）美国标准

美国对充电桩的标准主要由美国国家标准协会（ANSI）和美国电气与电子工程师协会（IEEE）制定，其中最主要的标准为SAE J1772。

---

❶ VCU：整车控制器。

第 **8** 章

桩和平台的连接和通信

前面七章主要介绍的是充电站和充电桩的行业基础知识，而整个充电站的运营离不开软件，司机充电主要使用APP或者小程序（以下内容用小程序），而对充电站进行管理宣传的是WEB管理后台。整个充电系统包含四端：小程序、WEB端的运营管理平台、充电桩和新能源汽车。那这四端是怎么产生组合，怎么交互呢？

8.1 连接方式

小程序、WEB端的运营管理平台、充电桩和新能源汽车是我们肉眼可以看到的，但还有五个平时我们肉眼看不到或者比较少看到的网络、HTTPS协议、服务器、IOT协议和CAN总线。

① 网络：是小程序与服务器和充电桩的通信连接方式，一般采用无线网络。

② HTTPS协议：超文本传输安全协议。

③ 服务器：是所有数据的存储中心，运营管理平台就部署在服务器上。

④ IOT协议：是用于在物联网设备之间进行通信的规范和协议。

⑤ CAN总线：充电桩与BMS通信连接方式，在充电枪里面。

小程序和服务器、服务器和充电桩之间都是通过网络连接，不同的是小程序和服务器采用HTTPS的数据传输协议，而服务器和充电桩采用特定的IOT通信协议，如果无线网络是嘴巴的话，那通信协议是语言。只有有了嘴巴并且用对方听得懂的语言进行沟通，才可以传递信息。四者的连接关系如图8.1所示。

图8.1　四者连接关系

8.2 服务器

充电站的服务器方案一般有两种：一是自建机房，二是采用云服务器。第一种方式一般是国企或者大型项目会采用，需要独立的服务器机房；第二种采用云服务器，目前主流的中小充电站平台是这种。常见的比如阿里云，它集成很多充电站场景下需要的应用，省去了很多开发工作和解决了很多服务器安全问题，这将在第9章专门介绍。

8.3 IOT通信协议

IOT通信协议是硬件和软件平台连接的关键，它决定了硬件是否可以上到软件平台。在欧洲有通用的OCPP协议，这样所有的充电桩都用这个协议，理论是所有的桩都可以直连到各软件平台，这就好比一个商品可以发布到各大电商平台一样。但在中国可能每个品牌的充电桩有自己的特定协议，只可以直连自己的平台。那如果A品牌桩要上到B平台怎么办？目前有两种方式：

① A品牌的桩主控烧录B平台的通信协议。

② B平台增加A品牌桩的通信协议。

第一种方式也分两种情况：第一种是充电桩还未烧录通信协议，出厂的时候直接烧录，这个相对简单；第二种是已经出厂烧录了其他通信协议再烧录新的通信协议，这种就比较麻烦，一样存在软硬件适配性和兼容性问题，除非是专业人员有专业的软硬件支持，不然一般人是操作不了的。有的人甚至想直接把充电桩的主控换掉，这需要专业人员综合评估软硬件情况后才可以知道是否能这样操作。

第二种方式技术上是可行的，不过涉及平台核心技术的开发，一般周期会比较长，同时，后期也需要增加平台维护工作。

8.3.1　充电桩烧录通信协议

（1）查看充电桩的硬件平台和芯片型号

确定支持哪些编程方式和接口类型，例如，常见的编程方式有JTAG、SWD、ISP等，接口类型有USB、UART、Ethernet等。

（2）获取新的通信协议文档及相关烧录工具软件

确保软件版本与充电桩芯片的型号匹配，并且可以支持选择合适的编程方式和接口类型。

（3）连接充电桩和烧录设备

根据充电桩的硬件平台和芯片型号，选择相应的编程工具和连接线缆进行连接。确保电源供应稳定可靠，避免在烧录期间发生意外断电等情况。

（4）启动烧录软件并进行操作

根据烧录软件的界面提示，选择正确的芯片型号、编程方式和接口类型，然后导入新的通信协议文件。在确认无误后，点击"开始烧录"按钮，等待烧录进度条完成。

（5）检查烧录结果并测试

烧录完成后，检查充电桩的状态和功能是否正常，包括与其他设备的通信和数据传输等。如果发现问题，可以尝试重新烧录或者调整相关参数进行故障排除。

8.3.2　平台增加通信协议

（1）确定需要增加的通信协议类型和版本

根据业务需求和市场需求，选择适合的通信协议类型和版本，例如Modbus、CAN、

TCP/IP 等。

（2）研究通信协议规范

掌握通信协议的格式、结构、命令、响应等内容，并了解具体实现过程的细节，以确保能够正确地与充电桩进行通信。

（3）评估平台对协议的支持情况

了解当前平台是否已经支持所选定的通信协议，如果没有支持，需要在平台层面增加对该协议的支持。

（4）更新整个系统的固件版本

更新充电桩和服务器上的固件版本，以支持新增的通信协议，确保所有设备都可以进行正常的协议交互。

（5）测试和验证

通过测试和验证确保新增加的通信协议可以正常工作，包括各种参数设置、数据传输、命令响应等方面的功能。

（6）发布新版本

将新增加的通信协议功能在平台上发布，告知相关用户并提供技术支持。

8.4 CAN总线

CAN总线是控制器局域网络（controller area network）的简称。它是一种广泛应用于汽车、工业自动化和其他领域的串行通信协议。CAN总线允许多个节点在同一总线上进行通信，这些节点可以是传感器、执行器、控制器等设备。CAN总线具有以下特点：

① 高可靠性：CAN总线采用差分信号传输，具有较强的抗干扰能力，能够在噪声环境下稳定运行。

② 实时性：CAN总线具有较低的延迟和可预测的通信时间，适用于对实时性要求较高的应用。

③ 多节点通信：CAN总线支持多个节点同时进行通信，每个节点可以发送和接收消息。

④ 灵活性：CAN总线支持节点的热插拔，可以方便地增加或删除节点。

⑤ 高速通信：CAN总线的通信速率可以达到几百 kb/s 甚至几 Mb/s，适用于高速数据传输。

在汽车领域，CAN总线被广泛应用于车身电子系统、引擎控制系统、传感器和执行器之间的通信等方面。它简化了电气布线和通信结构，提高了系统的可靠性和可扩展性。此外，CAN总线也被广泛应用于工业自动化、机器人控制、航空航天等领域。

8.5　CAN报文

CAN报文是在CAN总线上发送的消息，这里我们可以简单理解为它是汽车BMS系统和充电桩的连接和通信方式。需要注意的是CAN报文可以在没有网络的情况下传输，并且可以通过短帧和防冲突机制保证数据的可靠传输。CAN报文分为两种类型：数据帧（data frame）和远程帧（remote frame）。

8.5.1　数据帧

数据帧用于传输实际的数据信息。一个数据帧包含以下几个主要部分：
① 起始位（start of frame，SOF）：表示数据帧的开始。
② 标识符（identifier）：用于识别报文的类型和优先级。
③ 控制位（control）：包含一些控制信息，如数据长度和数据域的格式。
④ 数据域（data field）：实际的数据信息。
⑤ CRC（cyclic redundancy check）：用于校验数据的完整性。
⑥ 结束位（end of frame，EOF）：表示数据帧的结束。

8.5.2　远程帧

远程帧用于请求其他节点发送数据。远程帧的结构与数据帧类似，但没有数据域，只包含标识符和控制位。

CAN报文的发送是基于总线抢占式的方式进行的，即多个节点同时发送报文时，优先级高的节点会占用总线并发送其报文，而其他节点则需要等待。这种机制确保了实时性和可靠性。通过CAN报文，不同的节点可以实现实时的数据交换和控制指令传输，从而实现复杂的系统协作。

8.6　汽车电池

动力电池是新能源汽车的核心技术，目前主要有两种：磷酸铁锂电池和三元锂电池，两者主要差别是正极材料不一样，磷酸铁锂电池正极是磷酸铁锂，三元锂电池正极是镍钴锂。

8.6.1　电池组成

① 正极板：由铅钙合金制成，与正极极柱相连接。

② 负极板：由铅钙合金制成，与负极极柱相连接。

③ 正极活性物质：由过氧化铅和二氧化铅混合而成，在充电时将电子传递到正极板。

④ 负极活性物质：由纯铅制成，在放电时接收来自正极板的电子。

⑤ 隔板：用于分离正负极板以防止短路。

⑥ 电解液：通常为硫酸水溶液，用于形成电解质并帮助在正负极板之间传导离子。

⑦ 外壳：用于保护电池内部部件，并具有外部连接端口。

8.6.2　充电原理

当电池进行充电时，电池正极产生锂离子，生成的锂离子经过电解液运动到负极，而负极碳呈层状结构，有很多微孔，到达负极的锂离子嵌入到碳层微孔中，嵌入的锂离子越多，充电容量越高。同样地，放电时锂离子从负极到正极，到正极的锂离子越多，放电容量越高，电池容量就是放电容量。

8.6.3　电池容量

每辆车电池容量不一样，电池容量一般用 kW·h 来计算，我们充电时看到的 SOC❶ 是指"State of Charge"，即车辆电池的充电状态。通常以百分比表示，表示电池当前的充电量与电池容量的比值。例如，如果一辆车的电池容量为 100kW·h，而当前充电量为 80kW·h，则其 SOC 为 80%。SOC 通常被用来评估电池电量剩余使用时间、预测续航里程以及为驾驶员提供更好的充电建议。知道了电池容量和 SOC，我们计算下车可以跑多少公里，即：电池容量×SOC×5（新能源汽车一度电预计可以行驶 5 ～ 8km，这里按照 5km 计算）。

---

❶ SOC（State of Charge）是一个重要的参数，它表示电池的充电状态。具体来说，SOC 是电池当前剩余电量与其完全充电状态下电量的比值。通常以百分比（%）来表示。

第 **9** 章

运营系统所需的服务器

充电站运营管理系统除了软件外同样也需服务器作支撑，服务器购买和部署也有两种方案。

① 购买云服务器，比如阿里的云服务器，它自动集成了很多充电站需要的应用，同时在安全方面也省去了很多运营上的工作，一般中小运营商都是选择阿里云的服务器。

② 自己搭建机房，不但需要自己购买服务器还需要专门的机房和对应的机房运维管理团队，主要是大型平台或者国企会选择自己搭建。

9.1 云服务器

9.1.1 服务器架构

如图9.1所示是某项目的服务器架构。

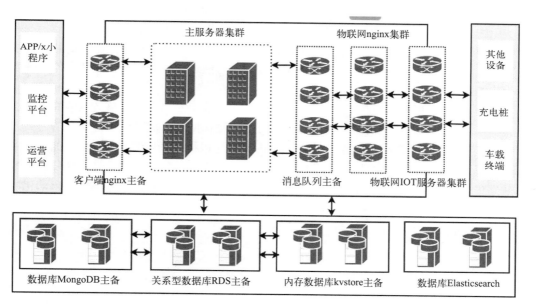

图9.1 某项目服务器架构

以上是充电运营管理系统的服务器系统架构，此服务器架构要求具有支持负载均衡、水平扩容、高稳定性和数据安全等特点，具体如下。

（1）负载均衡

平台将负载的任务进行平衡，分摊到多个操作单元上运行，主要是用来避免单一应用，由于并发等问题，导致应用宕机，从而让系统整体无法使用、多负载同时工作。使用负载均衡能够解决高并发的问题，并实现服务的高可用。

（2）水平扩容

除了系统稳定性之外，业务量不断增加也是需要考虑的问题。目前应对业务量的不断增加，场景通常有两个大方向，一种是纵向扩展，也就是增加单台服务器的CPU计算能力、内存容量和磁盘承载能力等；另外一种是横向扩展，也就是通过增加服务器的数量来增加处理能力。前者存在业务中断和扩展上限等诸多的问题，特别是互联网业务的迅猛发展，单台服务器几乎无法满足业务负载要求，因此目前比较流行的方式是横向扩展的方式，通过增加服务器的数量来增加处理能力。

（3）高稳定性

我们通过分布式部署和集群部署来保障系统稳定，具体的方式有如下三点：

① 分布式部署：平台将数据分散地存储于多台独立的机器设备上，采用可扩展的系统结构，利用多台存储服务器分担存储负荷，利用位置服务器定位存储信息。

② 集群部署：平台使用了MySQL集群并支持主从复制、读写分离等。MySQL集群是一个无共享的、分布式节点架构的存储方案，其目的是提供容错性和高性能。在实际的生产环境中，对数据库的读和写都在同一个数据库服务器中，是不能满足实际需求的，无论是在安全性、高可用性还是高并发等各个方面都是完全不能满足实际需求的。因此，通过主从复制的方式来同步数据，再通过读写分离来提升数据库的并发负载能力。

③ Redis集群：平台使用了Redis集群，在实际的生产环境中，单节点的应用总会有单点故障的问题，当机器宕机，整个系统不可被访问，一般可以通过集群的方式来解决单节点故障，提高系统的可用性。Redis集群可以提高系统的整体性能，如果其中一个服务崩溃了，并不会影响集群内其他服务继续正常运行。除了支持主从复制、数据分布式存储等保证高可用、高性能及高并发外，还可通过哨兵工具来实现自动化的系统监控和故障恢复功能。

（4）数据安全

数据采用多种加密方式，包括但不限于采用3DES+BASE64位加密，极大地提高数据的安全性，当黑客拦截报文，其破解报文难度系数高。3DES算法通过对市场常用的DES算法进行改进，增加DES的密钥长度来避免类似的攻击，针对每个数据块进行三次DES加密，安全性得到了极大的加强和保障。

9.1.2 服务器介绍

（1）客户端nginx主备

客户端nginx主备架构是一种高可用、高可靠的架构，用来保证在出现服务故障或者设备损坏等情况下确保应用系统的持续服务。该架构中主要包括两个nginx服务器：主nginx和备nginx。主nginx负责处理所有客户端请求，备nginx则作为主nginx的备份，当主 nginx 出现故障时，备 nginx 会立即接手服务。

客户端 nginx 主备集群通过将主 nginx 和备 nginx 配置在不同物理服务器上，增加系统容错能力，提高了应用的安全性和可靠性。其中，主 nginx 服务器处理所有客户端的请求，并将这些请求的响应结果返回给客户端。同时备 nginx 服务器实时监测主 nginx 服务器的状态，当主 nginx 服务器发生故障时，备 nginx 立即接替主 nginx 执行其职责，确保应用系统的持续运行。

客户端 nginx 主备架构中还涉及一个代理服务器，在请求到达客户端时，代理服务器将请求分发给主 nginx，并且负责判断主 nginx 是否正常工作。若主 nginx 在规定时间内无法响应请求，代理服务器将请求转发给备 nginx，并将其作为主 nginx 继续为客户端提供服务。

（2）主服务器集群

主服务器集群支撑核心业务应用层服务，核心业务应用层服务包括：核心应用系统、APP 应用系统、互联互通应用系统、运营管理系统。

① 核心应用系统：主要是加载管理站点、充电设备、站点权限信息，提供站点、设备、充电订单数据服务，实现与 IOT 的数据交互。

② APP 应用系统：为 APP 前端提供业务服务接口。相关业务需要的数据通过核心应用系统查询获取。

③ 互联互通应用系统：对外与外部平台或政府监管平台对接交互，内部与核心应用系统交互。

④ 运营管理系统：包括运营管理、业务功能、数据、权限配置等。业务应用层服务各个系统，都采用负载均衡集群方式实现高可用。

（3）物联网 IOT 服务器集群

物联网 IOT 是充电设备与平台核心应用系统之间连接通信的应用。充电设备连接并上行的报文在 IOT 应用系统解析，然后通过 MQ 发送，由核心应用系统订阅消费处理。同理，核心应用系统下行的数据，通过 MQ 发送，IOT 订阅消费处理，并编码下发到充电设备。

充电设备与 IOT 服务之间通信采用 TCP 长连接的方式实现，充电设备作为客户端，IOT 作为服务端。平台的 IOT 应用将通过负载均衡集群的方式实现高可用，即其中一台服务故障，充电设备将重新连接另外的正常服务。

（4）物联网 nginx 集群

在传统的集中式架构中，单台服务器很难满足大量物联网设备的服务请求，因此需要使用物联网 nginx 集群来分摊负载和提高系统可用性。nginx 是一种轻量级的 Web 服务器，其安装简单、配置方便，而且在高负载情况下仍能保证高效、稳定和安全的服务。nginx 可以通过几种负载均衡算法，例如 Round-robin、IP Hash 和 Least Connection 等，在各个服务器之间分散请求，从而提供更快的响应速度和更好的负载均衡。

物联网nginx集群通常包括多个应用服务器，通过Nginx负载均衡器将请求合理分配给各个应用服务器，从而提高应用的可用性和性能。如果某个应用服务器发生故障，负载均衡器会自动将请求转发到其他可用的应用服务器，确保系统不会因为单一故障而崩溃。

（5）消息队列主备

消息队列主备模式是一种有效的高可用性技术，可以确保消息队列的可靠性、连续性和可用性，保证业务流程的正常运行。

主备模式是指在设置中有一个主节点和一个或多个备份节点，其中主节点处理消息队列中的所有消息，而备份节点可以用来备份主节点，并在主节点故障时接替它的职责。这种模式下，备份节点通常会单独运行，以保证它们可以在必要时立即接管主节点，同时也减轻了主节点的负担，提高了整个消息队列的性能表现。

在主备模式下，当主节点发生故障时，备份节点会自动接管主节点的职责。这通常是通过检测主节点是否可以正常工作来实现的，如果发现主节点出现问题，备份节点就会立即开始处理队列中的消息。这种自动故障转移可以确保消息队列的稳定性和连续性，使得即使在发生故障的情况下也可以保证消息的正常传递和处理。

（6）数据库MongoDB主备

MongoDB是一个流行的开源分布式关系型数据库管理系统，它主要用于在大规模、高并发、多租户的网站和应用中提供高效的数据存储和管理。MongoDB通过分布式文件存储和单一数据库架构实现了高可用性、可扩展性和高性能。在主备切换方面，MongoDB采用了主从复制（master-slave replication）的方式来保证数据的可靠性和高可用性。

主从复制是一种常见的数据备份和恢复策略。主库（master）是数据的原始存储位置，备库（slave）是数据的复制副本。当主库出现故障时，备库会自动接管数据的读写工作，确保数据的完整性和可靠性。MongoDB的主从复制策略可以保证即使主库出现故障，数据也能够得到及时的恢复，不会丢失任何数据。

在MongoDB的主从复制架构中，主库通常是一个高性能的服务器，负责存储和管理大量的数据。备库则是一个或多个低性能的服务器，用于存储和管理主库的备份数据。备库需要定期从主库接收数据，并进行处理和存储。由于备库只需要存储和管理少量的数据，因此它们的硬件资源消耗和网络带宽需求相对较低。

MongoDB的主从复制架构还包括了一些其他的特性，如数据压缩、节点选择、故障检测和恢复等。这些特性可以帮助MongoDB更好地适应不同的应用场景和网络环境，提高数据库的可靠性和性能。

（7）关系型数据库RDS主备

RDS（relational database service）是基于云计算技术提供的一种数据库服务。RDS支持多种主默认及备份模式。

主备模式是一种数据备份和容灾机制，它确保数据即使在主库宕机的情况下也会得到保护。在主备模式下，主库存储着整个数据，备库则是主库数据的一个副本。当主库出现故障时，备库会自动接管。

（8）内存数据库kvstore主备

kvstore主备是一种高可用性的内存数据库架构，其中，一个kvstore实例作为主节点，处理所有的读写请求，并将数据同步到一个或多个备份节点上。备份节点的目的是在主节点发生故障时接管服务，确保系统的高可用性。

在kvstore主备架构中，主节点负责处理所有的写请求，并将数据同步到所有的备份节点上。备份节点只需要接收同步数据的更新，因为它们不会直接处理读写请求。如果主节点发生故障，备份节点可以立即接管服务，提供持续的数据访问。

此外，kvstore主备架构还具有以下优点：

① 读写性能：由于主节点是唯一的写入点，所以可以有效地避免写冲突，从而提高读写性能。

② 数据一致性：主节点和备份节点之间进行了数据同步，因此无论哪个节点处理请求，都可以提供一致的数据。

③ 可扩展性：通过添加更多的备份节点，可以轻松地扩展集群的容量。

（9）数据库Elasticsearch

Elasticsearch是一个基于Lucene的实时分布式搜索和分析引擎，它可以存储、搜索、分析大量数据。Elasticsearch提供全文搜索、结构化搜索、分析和可视化等功能，可以用于构建各种应用程序，包括商业智能、日志分析、安全情报、搜索引擎等。

Elasticsearch具有以下特点：

① 分布式：Elasticsearch使用分布式架构，可以自动处理数据存储和查询的分布式复杂性，提供高可用性和性能。

② 实时数据：Elasticsearch具有实时性，即当用户索引一条文档时，它几乎可以立即在搜索结果中出现。

③ 多样化的查询：Elasticsearch提供多样化的查询语言和查询方式，支持全文搜索、模糊搜索、精确搜索、范围搜索、聚合分析等多种查询。

④ 大规模数据存储和处理：Elasticsearch可以存储巨大的数据集并进行高效的数据处理，可以快速地查询和分析海量数据。

⑤ 易于部署和扩展：Elasticsearch具有良好的可伸缩性和易于部署的特点，可以在云中和本地进行部署和集群配置。

9.1.3 服务器配置

如表9.1所示是某项目购买阿里云服务器的相关配置，此服务器配置支持水平扩容。

表9.1 某项目阿里云服务器的配置

商品	配置详情	台数
物联网 IOT 服务器集群	带宽：200Mbps 实例：32核　32GB 内存 存储类型：SSD 本地盘 存储容量：1TB 网络类型：专有网络 操作系统：CentOS 7.4 64位	4
主服务器集群	带宽：200Mbps 实例：32核 32GB 内存 存储类型：SSD 本地盘 存储容量：1TB 网络类型：专有网络 操作系统：CentOS 7.4 64位	4
物联网 nginx 集群（负载均衡）	带宽：200Mbps，按固定带宽 实例：24核 32GB 内存 存储类型：SSD 本地盘 存储容量：100GB 网络类型：专有网络 操作系统：CentOS 7.4 64位	5
客户端 nginx 主备（负载均衡）	带宽：200Mbps，按固定带宽 实例：24核 32GB 内存 存储类型：SSD 本地盘 存储容量：100GB 网络类型：专有网络 操作系统：CentOS 7.4 64位	2
消息队列主备	带宽：200Mbps，按固定带宽 实例：24核 32GB 内存 系统盘：高效云盘，1TB 网络类型：专有网络 操作系统：CentOS 7.4 64位	3
关系型数据库 RDS 主备（数据存储，订单这些）	带宽：200Mbps，按固定带宽 实例：24核 32GB 内存 存储类型：SSD 本地盘 存储容量：100GB 网络类型：专有网络 操作系统：CentOS 7.4 64位	2

续表

商品	配置详情	台数
数据库 Elasticsearch（数据存储）	带宽：200Mbps，按固定带宽 实例：24核32GB内存 存储类型：SSD本地盘 存储容量：100GB 网络类型：专有网络 操作系统：CentOS 7.4 64位	1
内存数据库kvstore主备（缓存）	带宽：200Mbps，按固定带宽 实例：4核8GB内存 网络类型：专有网络 版本号：Redis 5.0 分片数：2分片	2
数据库MongoDB主备（存储数据，充电数据/BMS）	数据库类型：MongoDB 数据库版本：MongoDB 4.2 存储引擎：WiredTiger 存储类型：SSD本地盘 网络类型：专有网络 规格：2核16GB 存储空间：20TB	3

9.2　机房建设

机房是各类信息数据的处理中心。由于系统内各类信息数据的重要性、敏感性、及时性，机房内放置的计算机设备、通信设备、网络设备及辅助系统设备不仅因为是高科技产品而需要一个非常严格的操作环境，更重要的是只有计算机系统可靠地运行，才能保证通信网络枢纽畅通无阻地传递信息。而计算机系统可靠运行要依靠计算机房严格的环境条件（机房温度、湿度、洁净度、供电质量及其控制精度）和工作条件（防静电性、屏蔽性、防火性、安全性等）。如图9.2所示为机房建设的主拓图。

要满足这个环境条件和工作条件，整体机房的建设涉及8个工程。

9.2.1　装修工程

装修工程，是整个机房的基础，它主要起着功能区划分的作用，不仅包括一般机房装修所需要铺的抗静电地板、安装微孔回风吊顶，还包括为放置机架、服务器等设备的预留空间。一般的中心机房装修包含：吊顶工程、墙面工程、门窗工程、地面工程等几个部分。

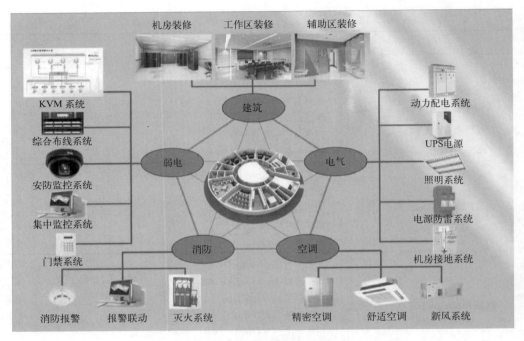

图9.2　机房建设的主拓图

　　在设计上要体现出作为重要信息汇聚地的室内空间特点，在充分考虑网络系统、空调系统、UPS系统等设备的安全性、先进性的前提下，达到美观、大方、简朴的风格，有现代感。在选用装修、装潢材料方面，要以自然材质为主，做到简明、淡雅、柔和，并充分考虑环保因素，有利于工作人员的自身健康。

9.2.2　综合布线工程

　　综合布线工程目标是建立一套先进、完善的机房综合布线系统，为机房管理各种应用，包括为数据、语音、图像、控制等应用系统提供接入方式、配线方案，实现系统配置灵活、易于管理、易于维护、易于扩充的目的，所以需根据每个机房的特点综合施工。

9.2.3　空调工程及新风工程

　　根据机房对温湿度及含尘量的特殊要求，为保证机房的设备在恒温、恒湿、保持洁净度的情况下长期连续可靠地运行。应采用机房专用精密空调进行空气调节，以确保机房设备24小时不间断运行。具体的空调和其他相关设备需根据发热量、制冷量、新风量等综合计算后选择合适的设备。

9.2.4 配电工程

计算机机房的建设必须要建立一个稳定可靠的供配电系统，这个系统首先要保障网络设备正常运行的电源供电，还要保证其他附属设备如机房专用空调、照明系统、门禁、监控及消防系统的安全用电。

机房计算机设备包括小型机、服务器、网络设备、通信设备等，由于这些设备进行数据的实时处理与传递，所以对电源的质量及可靠性要求很高，因此该供电电源系统按照一级标准进行设计，由UPS直接供电。

市电电源进线按规范要求设计为TN-S系统（三相五线制）。机房供配电系统考虑系统扩展、升级、预留备用容量。

机房内设计一台市电双电源综合配电柜。配电柜为GGD型，由专业生产厂家定做，国家3C认证，均为国家免检系列产品。选用德力西空开作主回路断路开关；UPS选用深圳品牌主机设备；蓄电池选用山特电池。以此措施来保证供电系统安全可靠的供电质量，保证系统的正常运行。

9.2.5 消防工程

机房的消防报警设计，根据消防防火级别设置确定机房的设计方案，建筑内首先要求具备常规的消防栓、消防通道等，按机房面积和设备分布装设烟雾、温度检测装置，自动报警警铃和指示灯，自动／手动灭火设备和器材。机房消防报警能和大楼消防报警联动。

9.2.6 机房智能设备监控

机房智能设备监控根据用户对机房管理的需求，能对不同类型的机房动力环境设备实现集中监控，包括对机房动力系统（包括配电柜、UPS）、环境系统（机房专用精密空调、漏水检测、温湿度监测、消防监测、新风机监控）、安防系统（门禁管理），具有完善的监测和控制功能。更为重要的是要融合机房的管理措施，对发生的各种事件都结合机房的具体情况非常务实地给出处理信息，提示值班人员进行操作。实现机房设备的统一监控，智能化实时语音电话报警，实时事件记录；减轻机房维护人员负担，有效提高系统的可靠性，清楚处理各种事件关系，实现机房可靠的科学管理。

9.2.7 机房KVM系统

每台KVM切换器（多计算机切换器）到服务器之间通过网线连接，经过服务器接口模块连接到服务器的鼠标、键盘、显示器接口。KVM主机上有1个VGA接口、PS/2键盘鼠标接口、4个USB接口，可以用来接本地机房控制端。将KVM切换器接入到网络中，并且配置相应的IP地址后，即可实现从网络对服务器的控制和管理。

如果通过支持虚拟媒体的模块，可以将远程用户电脑所连接的硬盘、光驱、USB设备直接映射到本地服务器，可实现软件的远程安装与维护。

9.2.8　门禁管理系统工程

门禁管理系统，又称出入口控制系统，是利用自定义符识别或模式识别技术对出入口目标进行识别并控制出入口执行机构启闭的电子系统或网络。其核心功能就是对建筑内外正常的出入口进行控制和管理。

门禁管理系统一般由前端信息输入设备（门禁读卡器、卡片、门磁等）、执行设备（电控锁等）、传输系统设备、管理控制记录设备（门禁控制器、门禁管理主机等）四部分组成。前端信息输入设备获取信息，比如读卡器响应刷卡信息，通过传输系统，把信号传输到门禁控制器，门禁控制器通过权限判断，发出指令到前端执行器，多个门禁控制器由控制中心管理主机统一协调管理。

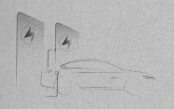

第 10 章

司机端小程序规划设计

10.1　用户画像

新能源汽车司机的年龄范围相对广泛，涵盖了年轻人到中年人，甚至是老年人。在性别上，男性司机相对较多，但女性司机也逐渐增加，同时，司机普遍有比较好的环保意识，并且对移动互联网比较熟悉。

10.2　场景需求

对服务类产品，当服务本身已标准化的情况下，价格往往是用户最关心的因素。所以你的充电站充电价格比别人便宜，哪怕其他配套服务差点，估计很多司机也会选择你的充电站。但对充电站而言不可能一直降低价格，所以我们在价格因素排除掉的情况下，考虑让用户从线上选择产品到线下充电5个核心场景的具体需求。

10.2.1　选择产品

你的产品可以是APP，也可以是小程序，最重要的是怎么让司机选择你。根据艾瑞网调研数据显示：单个用户平均需安装2.4个充电APP，近九成用户期待可以覆盖全国、功能完备的超级充电APP，而充电价格详单、查看充电桩信息、一键找桩、常用桩自动导航和跨平台一键付费为用户最期待覆盖的功能。

目前市面上已经有的充电APP为：星星充电、特来电、云快充、快电、星络充电、小桔充电、新电途等，在这样的竞争环境下，如果你是一个小运营商，要让用户下载并安装你的APP确实是比较难，对比之下如果你的产品是微信小程序会更容易被用户接受。

10.2.2　打开产品

当用户选择你的产品、打开你的产品的时候，我认为已经成功一半了。如果说怎么让用户选择你，更多是运营宣传的工作，那打开产品后怎么让用户喜欢甚至留下，很大一部分是产品设计和体验的问题。根据艾瑞网调研数据显示：操作简便和基础功能完备的充电桩APP即可满足车主需求。

其实界面简洁是大部分用户都追求的，至于车主需要用的功能结合实际使用流程梳理如下：

• 第一步：找合适的充电站，重点是价格便宜，距离近，并且导航到站点。

- 第二步：到达站点，账号充值，扫码充电。
- 第三步：结算离站。

从以上流程可以简单梳理出车主常用的核心四大功能有：搜索站点、站点导航、账号充值、扫码充电。另外，如果产品里有优惠券和活动，出于对优惠券的追求，参加活动或者领取优惠券也应该是车主常用的功能。以上是车主最常用的五个功能。

10.2.3 选择电站

当用户打开产品，他如何选择一个合适的充电站呢？哪些因素会决定一个用户是否选择某充电站？这些因素的优先级又是如何？根据艾瑞网数据调研显示：充电速度、距离和价格是车主选择公共充电桩时的三大因素。

充电速度、距离和价格为车主选择充电桩时的决定性因素，因此在核心位置及交通干线周围，以低价策略运营的直流快充桩成为车主的首选。距离为第二大因素。而充电价格包含电费和服务费，与停车费共同组成了价格因素，因此部分车主倾向在无停车费的公共充电站进行充电。

以上因素直接决定了设计充电站相关功能的时候展示给用户的优先级，同时结合实际充电产品这些因素对应到具体产品功能如表10.1所示。

表10.1　用户选择充电站因素对应产品功能表

用户选择充电站因素	对应到产品具体功能
充电速度	快充还是慢充桩显示，充电整体使用流程
距离远近	列表距离筛选，LBS定位并显示距离，可导航
充电价格	列表价格筛选，价格、活动和优惠
停车收费情况	停车费，占位费，车辆绑定
周边配套设施	周边设施显示
支付方式	微信、支付宝、余额
充电场所外部环境	场站照片
是否平台自营	发票和营业相关信息
其他车友评价	车友点评

10.2.4 到站充电

当用户选择了一个充电站并且导航到了充电站，需要做的只有两件事。

（1）绑定车牌号

为什么要绑定车牌号？因为现在很多充电站都有提供充电免停车费服务（一般是2小时），但是否可以减免的逻辑是运营系统将充电订单的车牌号和减免时间推送给道闸，道闸在车辆出站的时候识别，如果有此车牌号并且从车辆进站的时间开始算（不是开始充电的时间），不超过减免时间就可以免费出站，如果超过就根据停车费计算费用。所以在产品设计上需要有一个绑定车牌号功能。同时，如果用户在充电前没有绑定任何车辆，必须在充电前弹窗提醒用户需要先绑定车牌号。

（2）账号充值

目前主流的新能源充电产品在用户账号里没钱的时候是无法启动充电的，所以需要先在账户里充值。

10.2.5 结算离站

当用户充完电并完成订单支付的时候，整个充电流程已经基本完成。部分用户需要发票，所以需要发票管理功能，然后用户可以申请发票。

10.3 竞品介绍

充电桩行业作为新基建少不了巨头的进入，如表10.2所示是几个比较有代表性的充电平台产品。

表10.2 充电平台产品

公司名称	核心特点	产品名称
滴滴	拥有新能源网约车司机	小桔充电
云快充	第三方SAAS平台	云快充
恒大、能链、朗新	第三方聚合平台	星络充电、快电、新电途
特锐德、万帮	头部设备生产运营商	特来电、星星充电
国家电网	拥有核心资源	e充电

10.3.1 小桔充电

小桔充电是滴滴旗下数智化充电运营商。滴滴新能源电动汽车车主无须额外安装充电应用，通过最新版滴滴出行车主端APP或小桔充电小程序，即可体验小桔充电服务。

小桔充电小程序，整体就三个频道：首页、扫码和"我的"，首页直接站点列表展示，可切换到地图模式但并不是直接地图展示，扫码直接进到充电流程，"我的"更多是管理功能。如图10.1所示是小桔充电小程序主要界面。

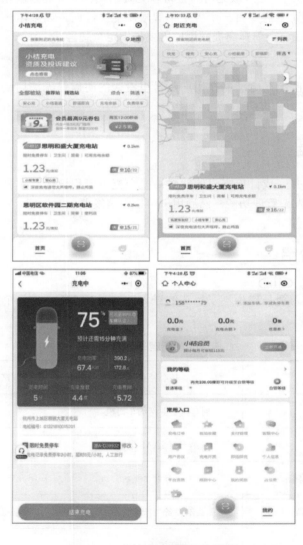

图 10.1　小桔充电小程序界面

10.3.2 云快充

云快充APP是由江苏云快充新能源科技有限公司推出的一款新能源汽车充电服务APP，产品本身对外的定位是第三方充电桩SAAS平台。

产品首页是常用功能入口和站点列表，电站默认是地图模式，但可以切换到列表，订单显示基本的订单列表，"我的"是一些基本管理功能。如图10.2所示是云快充APP的主要界面。

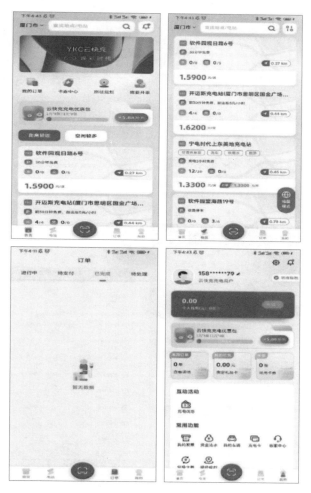

图10.2 云快充主要界面

10.3.3 星络充电

星络充电是充电桩聚合平台，已与主流充电运营商完成平台互联互通和支付打通，实现全国充电一张网，为车主充电消除平台壁垒，简化充电流程，构建深度融合的新能源汽车服务生态。

产品首页主要是各种营销活动，地图是充电站列表，主要提供找桩服务，会员包含三部分：联名会员、通行证和电友圈，"我的"主要是管理功能。如图10.3所示是星络充电主要界面。

图10.3　星络充电主要界面

10.3.4　快电

快电和星络充电都是第三方聚合平台，它是能链集团的产品，目前覆盖全国40多万根充电桩，为电动车提供充电网络服务。

产品首页是快捷入口和站点列表，地图频道跟星络差不多，但有列表模式，VIP频道直接就是会员销售，"我的"是管理功能。如图10.4所示是快电主要界面。

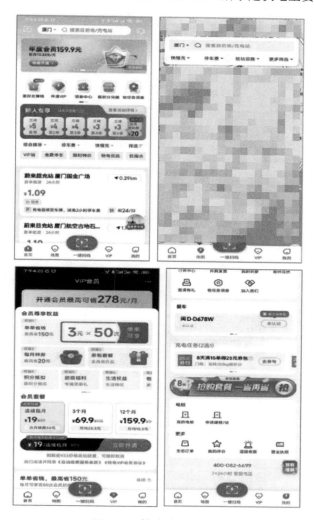

图10.4 快电主要界面

10.3.5 新电途

新电途也是充电桩聚合平台，新电途联合支付宝、高德地图，实现一键扫码充电服务。引入支付宝"花芝"（芝麻信用+花呗）体系标准，开启信用充电新模式，新能源车主可在区域范围内支持支付宝扫码充电，让车主享受先充电后付费的便捷体验服务。新电途是支付宝小程序。

产品总体分5个频道：首页、找桩、扫码充电、福利和"我的"。这里重点说明它的扫码充电和福利两个频道，它们的扫码可以用支付宝或者高德地图，并且可以先充电后付费，这个在产品体验上是非常大的创新，极大地方便了用户，但这个创新是建立在有强大的支付宝支撑的情况下，一般的产品是做不了的。至于福利，目前看其实还是商城。如图10.5所示是新电途主要界面。

图10.5 新电途主要界面

10.3.6 特来电

特来电是特锐德公司旗下的产品，是唯一宣称实现盈亏平衡的充电产品。特来电已不只是单纯的充电APP，产品还加入了很多相关硬件服务和很多相关内容的频道和板块。

产品首页依然是功能和活动的入口，发现频道有推荐、商场和特好玩，扫码是站点列表功能，社区是内容互动频道，"我的"里面除了常规的充电相关功能，也加了很多跟特来电业务相关的功能。如图10.6所示是特来电APP主要界面。

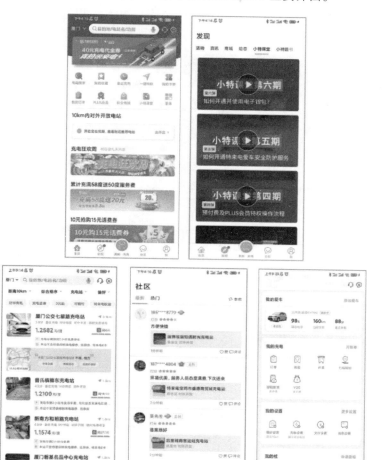

图10.6　特来电主要界面

10.3.7　星星充电

星星充电专注于新能源汽车充电设备制造，为全球客户提供设备、平台、用户和数据运营服务，借助车辆销售、私人充电、公共充电、金融保险等业务打造用户充电全生命周期平台。

星星充电和特来电一样不只是单纯的充电APP，也加了很多硬件管理和与硬件销售相关的功能，它的整体产品架构应该是最完善也是最清晰的，首页是充电站默认的地图展示，可以上拉直接到列表，惊喜是内容和活动，扫码充电是充电工具，商城销售与充电桩相关的硬件和配件，全部是作功能管理的入口。如图10.7所示是星星充电主要界面。

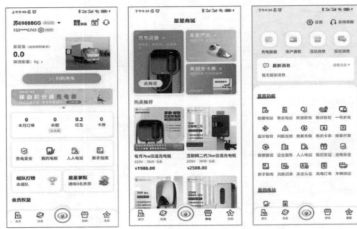

图10.7　星星充电主要界面

10.3.8　e充电

e充电是国家电网旗下城市充电设施公共服务管理平台，集合了覆盖全国的充电网络，为广大新能源车主提供智能找桩、扫码充电、行程规划、评论互动等服务。

产品首页展示常用功能入口、资讯和活动。发现包括商户号和活动，商户号主要是资讯。找桩是默认地图形式出现的充电桩列表。e友是互动社区，包括多个内容板块。"我的"是常规的管理入口。如图10.8所示是e充电主要界面。

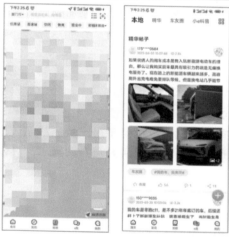

图10.8　e充电主要界面

10.3.9　小结

以上8个产品是目前新能源充电行业比较有代表的产品，这些产品各具特点，在产品设计上主要有以下三个风格：

① 小桔充电、云快充有互联网公司背景，互联网基因比较明显，产品根据用户需求来设计，风格极简。

② e充电、特来电、星星充电产品根据公司业务来设计，内容比较丰富，特别是e充电和特来电，有资讯、社区和电商等相关服务的内容。

③ 星络充电、快电、新电途是充电桩聚合平台，以运营作切入，产品更多根据市场运营来设计，内容主要以活动和营销为主，风格介于上面两种之间。

10.4 产品方案

结合用户充电流程下的各个场景需求，同时也借鉴了竞品的一些功能亮点，总结出了充电产品的频道需求，如表10.3所示。

表10.3 充电产品频道需求

需求刚性程度	频道名称
强	站点列表、扫码充电、我的
中	惊喜（会员）、订单、商城
弱	社区、发现、其他

大家可以参照以上表格，同时结合自身资源来规划充电产品的频道架构，确定了频道架构后再细化每个频道的功能。接下来介绍3个核心刚需频道的功能规划。

10.4.1 首页

（1）首页页面

充电APP首页的页面如图10.9所示。

以上是根据用户需求设计的首页，此首页满足了用户快速找站（最近，最便宜）、导航到站和站点核心信息（充电速度、距离和费用）查看的需求，具体页面的核心功能有：

① LBS定位：默认定位到用户所在城市。

② 搜索框：支持模糊搜索。

③ BANNER：可以作为活动和优惠的入口。

④ 站点列表：支持筛选，默认展示距离最近的站点，同时，筛选里有更多与站点的相关信息可以选择。

⑤ 站点信息：展示名字、优惠、价格信息、充电速度、停车费、距离和支持导航。

细心观察发现，此页面跟小桔充电和云快充的首页非常相似，其实充电司机的真正需求就那些，所以如果根据用户需求来设计页面，设计出来的页面肯定也是类似。站点点击后进到站点详情页面。

（2）站点详情

站点详情页面如图10.10所示。

此页面跟其他产品的站点详情页面相差也不会太大，主要展示的内容有：

① 站点基础详情：图片、名称和位置等信息。

② 价格信息：这里的价格可能在每个时段是不一样的。

③ 其他费用：停车位和占位费等。

图 10.9 充电 APP 首页

图 10.10 站点详情

④ 营业信息：营业时间、营业相关信息。

⑤ 电桩详情：展示电桩的状态和基础数据。

以上两个页面就是充电站列表频道的核心页面，这里还有很多二级页面，也有很多更细的逻辑，这里不再一一说明。

10.4.2 扫码充电

扫码充电是 APP/小程序启动充电桩给新能源汽车充电的方式。目前充电桩给新能源汽车充电的方式除扫码充电外，还有另外两种方式：VIN 充电、卡片充电。

（1）VIN 充电

VIN 充电是充电桩利用车辆 VIN 码对车辆进行充电的过程。VIN 是车辆识别代码，VIN 码由 17 位字符组成，所以俗称十七位码。它包含了车辆的生产厂家、年代、车型、车身形式及代码、发动机代码及组装地点等信息。在使用 VIN 充电之前，需要提前把 VIN 码录入到充电运营管理系统内，这里的录入信息包含：车牌号、VIN 码、结算方式、余额、状态等信息，并且充电桩要支持 VIN 充电。VIN 充电包含三个步骤：

① 停车插枪。

② 点击充电桩屏幕选择 VIN 充电。

③ 在充电桩屏幕或者手机上停止充电。

VIN 充电在付款结算上目前有两种方式：一种是直接绑定 APP/小程序账号消费账

号里的钱；另外一种是后台VIN管理上直接设置金额，如果是这种方式理论上用户可以完全脱离APP/小程序直接在充电桩上进行操作，当在充电桩上结束充电的时候直接扣抵金额。

（2）卡片充电

卡片充电是充电桩利用充电卡片对车辆进行充电的过程。卡片信息须提前录入到充电桩运营管理系统，这里的录入信息包含：车牌号、卡号、结算方式、余额、状态等信息，同时卡片在使用前必须已经激活。卡片充电也包含三个步骤：

① 停车插枪。

② 刷卡启动充电。

③ 在充电桩屏幕上停止充电。

卡片充电在付款结算时是直接扣掉充电卡里的钱。

（3）扫码充电

扫码充电是用户通过APP/小程序扫码充电桩上的二维码进行充电的过程。整个充电包含四个步骤：

① 停车插枪。

② 账户充值。

③ 扫码充电。

④ 结算付款。

这里要重点介绍扫码充电过程，如图10.11是扫码页面。

扫码充电支持扫码、手动输入和选择相册图片三种方式识别桩的二维码。如果账号没钱，系统提示须先充值，扫码成功后进到确认充电页面。确认充电页面如图10.12所示。

图10.11　扫码页面

图10.12　确认充电页面

如图10.12，显示充电站信息、充电枪信息、车辆信息和价格计费的信息，同时支付方式有账户余额和微信信用分。这里的信用分是微信提供的服务，用户在使用过程中需要提前开通，开通后才有此条信息。点击确认充电后进到充电中界面，充电中的界面如图10.13所示。

如图10.13所示为充电中的界面，显示电流、电压和功率、已充电量、预计充满还需多少时间，还有就是充电时长、充电度数和充电费用、停车费和占位费等信息。点击结束充电生成待付款订单，用户可选择优惠方式进行支付。如果选择账户余额，直接扣除账户余额的钱。如果选择微信信用分，弹出微信支付密码输入框，用户输入支付密码后用微信钱包完成支付，支付完成后订单状态变成已完成。订单已完成页面如图10.14所示。

图10.13　充电中界面

图10.14　订单已完成页面

订单支付流程沿用电商的模式，但在实际运营过程中也遇到过很多商户担心用户不去付款，出现坏账或者回款太慢的情况，而直接要求省掉待付款步骤，直接在充电结束后自动完成扣款，这样做看似步骤简单了，但实际来说不行，原因有二：

① 用户无法选择优惠券，如果把选择优惠券放在充电确认页面，用户也不知道自己订单使用了多少钱，不好选择优惠券。

② 没有生成待付款状态订单时让用户二次确认付款在流程上是不合法的，根据刑法二百二十六条规定可以定性为强买强卖。

10.4.3　我的

"我的"跟常规C端产品"我的"界面一样，除了个人信息、金额、订单和优惠券外就是一些管理功能，"我的"页面如图10.15所示。

（1）个人信息

个人头像和信息展示用户基础信息，点击后可修改编辑，如图10.16所示是云快充个人信息页面。

图10.15　"我的"页面

图10.16　云快充个人信息页面

（2）充电订单

充电订单一般包含充电中、待支付、已完成三个状态，有的也包含预约和待评价状态。订单页面如图10.17所示。

（3）账户余额

账户余额显示账户里的金额，支持充值和退款，如图10.18所示是星络充电账户余额页面。

① 如果是微信小程序，充值渠道是微信，如果是APP，可以有多种充值渠道，当用户退款的时候资金必须要原路退回，这点非常关键。因为如果没有这样做，会存在非法套现的漏洞。笔者之前就遇到过有用户用他人的支付宝账号充钱，再退款到自己的微信上进行非法套现的情况，所以提现原路退回这点非常重要。

② 另外，充值和退款属于预付费性质，如果是单用途（仅限充电业务），仅仅在商家体系内使用，需要在商务部备案，此处可以参照小桔充电小程序。如果是多用途跨商家（即钱包功能）使用的多用途预付费性质，需要有央行颁发的支付牌照，如果没有支付牌照，必须找有支付牌照的第三方如银行合作，此处可以参照特来电的电子钱包。

③ 退款需要注意的规则还有：如果有活动充值金额一般不支持退款，有未结束和退款中的订单也不支持退款，退款金额不可以超过或者小于某个特定金额，同时退款

图10.17 充电订单页面   图10.18 星络充电账户余额页面

期限也必须限定，超过某个时间线需要人工处理。以上这些都是账户退款必须要注意的细节。

（4）优惠券

显示可以用的优惠券数量，一般有未使用、已使用和已失效三种状态。针对充电场景，优惠券一般的类型有：总金额优惠券、服务费优惠券。同时在使用范围上有：全站通用、指定地区和指定站点等，如图10.19所示是星络充电优惠券页面。

图10.19 星络充电优惠券页面

（5）我的车辆

可以绑定多个车牌号，多个车牌号中有个默认车牌号。如果没有绑定车牌号一般充电前要提醒用户需要绑定，用户不绑定一样可以充电，但无法享受停车减免优惠。另外，很多充电站提供VIN充电，在车辆绑定的时候可以引导用户通过车辆认证让用户添加VIN（车辆识别码）。如图10.20所示是星星充电"我的爱车"页面。

图 10.20　星星充电"我的爱车"页面

图 10.21　小桔充电会员中心页面

（6）会员中心

显示会员套餐并提供购买的按钮。注意这个不可以用账户余额来支付，必须用第三方支付工具做支付。如图 10.21 所示是小桔充电小程序会员中心页面。

（7）消息公告

显示系统的消息，用列表形式展示。如图 10.22 所示是特来电系统消息页面。

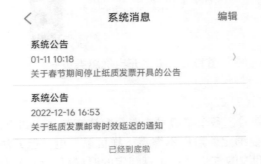

图 10.22　特来电系统消息页面

（8）占位订单

这里准确地说是设备占用订单，因为车辆是否占位目前除非用视频监控，要不然很难直接界定，目前的占位是根据车辆充满未拔枪或者订单结束未拔枪判定的，这个严格意义上叫设备占用。笔者在实际运营中就遇到用户投诉这个不是占位，后面对应产品字眼就改成了设备占用。占位计费一般按照分钟计费，上有封顶，后台可设置计费规则，同时这个占位主要是让用户充满后尽快离开，并非靠此盈利，所以后台一般可以提供免单功能。如图10.23所示是占位订单页面。

（9）我的发票

用户可以根据消费订单申请发票。发票一般是由场站运营商提供，目前主流采用电子发票，但电子发票需要对接第三方接口。如果是常规发票涉及快递，一般快递费是用户自行承担。如图10.24所示是"我的发票"页面。

图10.23　占位订单页面　　　图10.24　"我的发票"页面

（10）商务合作

提供合作信息的提交入口，一般包括：建站、买桩和代理等，如图10.25所示。

（11）更多服务

主要包括帮助中心、关于我们、客服热线和退出按钮等。如图10.26所示是星络充电客服中心页面。

图 10.25　商务合作页面

图 10.26　"客服中心"页面

10.5　产品创新

新能源汽车充电产品的设计根据用户的需求和场景，不管是充电站列表、扫码充电流程和"我的"都完全可以标准化和模板化，但产品经理的最大价值在于创新，只要用户是个人，他的需求就会根据外部各种环境进行变化，捕捉到用户真正的需求，创造有创新的产品，才是产品经理这个工作最有意思的挑战，那新能源汽车充电产品如何去创新呢？我认为产品创新有两种方法。

10.5.1　挖掘需求创新

挖掘需求创新，要求在现有产品基础上发现用户未满足的需求并满足他。就充电产品而言可以分三步：

① 首先，保证整个充电流程的服务必须可以满足用户，这是基本盘，如果这都没有谈创新就没有任何意义。

② 其次，充电是一个从线上到线下的过程，也是一个需要长时间在充电站的过程，在这个期间实际需要什么？可不仅仅是 4.2 节场景需求里提的那些基本需求，任何创新都是建立在对用户需求足够了解的前提下，这就要求产品经理从群众来到群众中去，

不可以坐在办公室，而是要去充电站和充电司机做更深入的交流和了解。

③ 最后，把需求记录并结合自身资源和能力，分析哪些可以做，哪些不可以做，那些可以做的还要看做了对用户有没有真正的价值。衡量一个功能对用户有没有价值，标准就六个字：省钱、省时、更爽。

以上是从挖掘用户需求的角度去创新产品，这种方法往往只会锦上添花，很难让整个产品产生质变，而真正可以让一个产品产生质变的是创造需求法。

10.5.2 创造需求创新

创造需求，怎么创造？首先，我们应该抛去产品需求思维，以更高的维度去看整个行业的发展。新能源汽车充电在2010年左右才开始在中国发展，从地域角度来说，国外是不是有已经发展得不错的模式可以借鉴学习，从时间角度来说，这是个新兴行业，其他在中国已经发展得不错的行业是否可以借鉴学习。

我们先看国外的模式，这个可以直接参见3.1.2节，因为新能源汽车充电和每个国家政策有关，也涉及线上线下，同时，国外用户的消费和生活习惯与国内也不一样，所以国外可以借鉴学习的地方非常有限。我们再看中国其他行业，我首先想到的是电商，电商从20世纪90年代开始到现在已经发展了30年，从传统电商到社交电商，再到现在的直播电商，代表有淘宝、京东、拼多多、抖音。其中，值得借鉴的是拼多多。如图10.27所示是拼多多界面。

充电产品如何借鉴学习呢，可以从传统电商转变成社交电商开始学习，理由如下：

① 充电是从线上到线下，并且到线下后，一般情况下人是在充电站或者在充电站附近的，这就是天生的社交场景。

② 一个充电站一般服务能覆盖到的范围是3km左右，这个和一个美容院或者一个餐厅覆盖的范围差不多，很多用户是回头客。

③ 充电产品目前偏工具属性，用户的黏性和活跃度都不足，而社交是提高用户黏性和活跃度最好的方式之一。

那接下来该怎么改造呢？基础核心是三个频道：首页、扫码充电和"我的"，在这基础上增加两个频道：惊喜和消息，这样增加完后的频道是：首页、惊喜、扫码充电（按钮）、消息和"我的"。

① 首页：展示充电站列表，解决用户找桩问题。

② 惊喜：展示各种可以参与的社交互动活动，这块直接看看拼多多怎么做的就可以。

③ 扫码充电：充电快捷入口。

④ 消息：消息是各种社交关系和互动的入口。需要说一点，每个充电站都是个群，当用户到站充电的时候就自动加入群聊，作为充电站运营者，可以在群里发活动、红包和优惠券等。这点可参见美团外卖，美团外卖类似的消息频道功能如图10.28所示，但点餐对一个用户来说需要选择多个餐厅，选择不一样的口味和菜品，但充电没有这

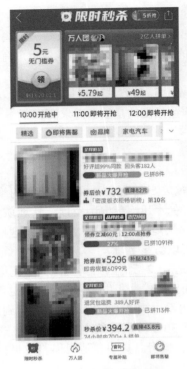

图10.27　拼多多界面

图10.28　美团消息页面

问题，如果一个充电站价格和服务令人满意，基本就会常来此充电了，充电站运营者通过一个群就可以解决宣传和用户沟通的问题，从而提高用户黏性和活跃性。

⑤ "我的"：各种充电管理相关功能入口。

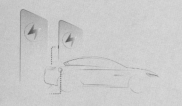

第 11 章

运营管理后台规划和设计

11.1 用户定位

充电站运营管理系统的主要用户是充电站运营商，而充电站运营商根据运营规模一般分三种：

① 小运营商：这种一般是加盟大平台，如星星充电或者特来电，利用大平台给的后台进行充电站管理，无须自己购买服务器，也不需要自己组建开发团队。

② 中运营商：自己购买服务器，自己组建技术开发团队，有自己的平台和充电站，充电站有运营商，运营商下属有合作商（一般和充电站运营商有合作关系但不参与充电站运营，只做分润，平台账号一般是充电站运营商自己去开通），也有下属机构（主要是充电站运营商的B端客户，如车队或者某些公司，这样平台账号一般是充电站运营商自己去开通，同时在结算方式上也比较灵活）。这样的平台一般功能涵盖了大部分充电站运营的业务需求。

③ 大运营商：有自己的运营平台，有自己的充电站，有自己的加盟商，如星星充电、特来电等。

以上三种运营商都有自己对应的管理后台和功能，这里选择中型规模的运营商作为分析的对象。中型运营商采用典型的B2C模式❶，同时也有下属的合作商和机构。

11.2 用户需求

运营商用户需求如表11.1所示。

表11.1 运营商用户需求

建站阶段	运营商用户痛点	核心需求
建站前	不知道如何选址	选址服务
	不知道多久可以挣钱	盈利测算
建站中	不知道充电站找谁建设	施工团队
	不知道充电桩怎么调试	运维团队
建站后	不知道怎么管理充电桩	硬件管理方案
	不知道怎么处理充电桩故障	运维管理方案
	不知道如何推广充电站	推广管理方案

---

❶ B2C（Business-Consumer）是电子商务模式的一种，即商业机构对消费者的电子商务。这种形式的电子商务一般以网络零售业为主，主要借助于互联网开展在线销售活动。B2C即企业通过互联网为消费者提供一个新型的购物环境——网上商店，消费者通过网络在网上购物、支付。

续表

建站阶段	运营商用户痛点	核心需求
建站后	不知道怎么做财务结算	财务结算方案
	不知道怎么留住用户	营销管理方案
	不知道怎样管理商户	商户管理方案
	不知道怎样做运营决策	数据决策方案
	不知道怎么管理用户	用户管理方案
	不知道怎么管理交易	订单管理方案
	不知道怎么使用管理后台	系统设置方案

11.3 解决方案

以上是充电站运营商在整个充电站建设上三个阶段的痛点和对应的需求，其中，建站前的选址和盈利测算在2.3节充电站选址方法和3.2节充电站盈利测算已经介绍，建站中施工和运维主要是线下服务，这里也不过多介绍。接下来重点介绍建站后运营管理平台的使用。根据上面的用户痛点对应的需求有10大方案，而这10大方案结合实际充电站运营场景后对应具体功能板块，如表11.2所示。

表11.2 运营后台功能模块

需求解决方案	对应后台功能模块
硬件管理方案	充电站管理、充电桩管理、充电枪管理、道闸管理
运维管理方案	充电桩管理、故障处理
推广管理方案	推广管理
财务结算方案	充值管理、退款管理、发票管理、商户结算
营销管理方案	卡片管理、积分管理、活动管理、优惠券管理、红包管理
商户管理方案	商户管理
数据决策方案	数据管理
用户管理方案	用户管理、机构管理
订单管理方案	订单管理
系统设置方案	系统设置、内容管理

根据以上的功能模块，结合常规的后台模块设计，运营管理后台需要的功能模块有系统首页、系统设置、商户管理、用户管理、电站管理、订单管理、财务管理、推广管理、营销管理、内容管理、机构充电、道闸管理、故障管理和数据管理。接下来将介绍运营平台每个板块的功能。

11.4 平台介绍

11.4.1 登录系统

充电站运营商首先要登录账号，输入账号和密码登录后进到运营管理后台，如图 11.1 所示。

图11.1 运营平台登录界面

11.4.2 系统首页

首页一般显示一些统计数据和用户关心的甚至需要紧急处理的问题。首页怎么设计并没有固定的逻辑和方式，一般首页常见的是一些常用功能和信息统计。如图 11.2 是国内某充电站运营平台首页。

图11.2 国内某充电站运营平台首页

11.4.3 系统设置

系统设置是一般后台管理系统最基础的功能模块，主要作用是子账号和对应子账号功能权限的分配。一般的功能模块有：菜单管理、账号管理、角色管理、修改密码。

（1）菜单管理

这个是后台管理系统常见的功能，主要作用是对后台菜单的管理控制，主要有添加、删除、修改等操作。菜单管理页面如图11.3所示。

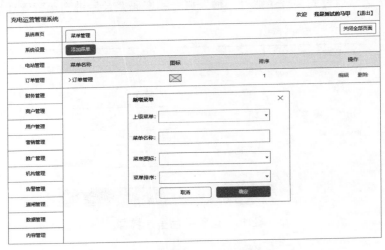

图11.3　菜单管理页面

（2）账号管理

账号管理主要作用是帮运营商开通运营子账号，这里的子账号主要是下属员工账号，子账号的权限通过角色关联下发。主要操作有添加、删除、修改和搜索。账号管理页面如图11.4所示。

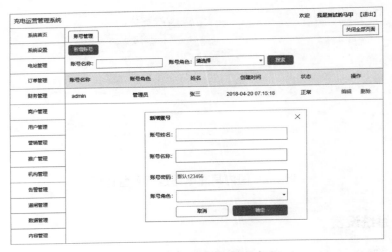

图11.4　账号管理页面

（3）角色管理

设置角色并给角色指定具体的菜单功能权限，在开通账号的时候选择角色就可以让账号有特定的功能权限。角色管理主要的操作有：添加、编辑、设置、删除和搜索。这里必须设置的B端角色有：运营商、合作商、机构。C端除超级管理员外，一般需要设置的角色有：运营、客服和财务，每个角色需要什么具体权限可以根据实际情况设置。只有在角色里设置了合作商、机构两种角色的权限，在商户管理中的合作商和机构管理中的机构才有对应的功能菜单权限。角色管理页面如图11.5所示。

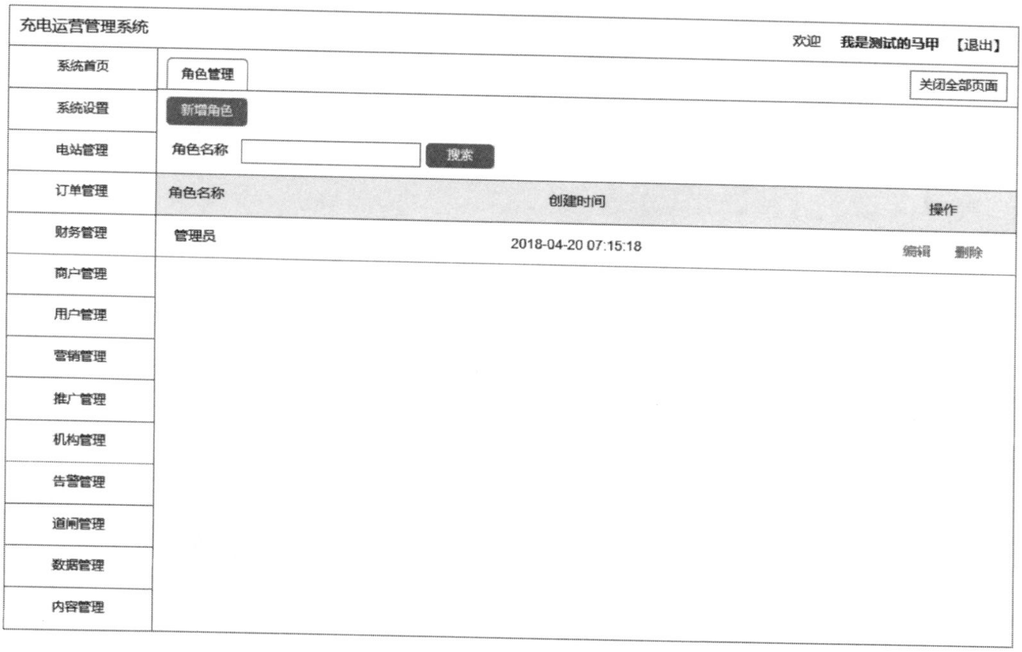

图11.5　角色管理页面

（4）修改密码

对运营商账号的登录密码进行修改。修改密码页面如图11.6所示。

（5）日志管理

显示整个系统的操作日志，可查询用户的具体操作日志。日志管理的主要作用是记录系统的操作，便于查询谁在某个时间点做了什么。日志管理页面如图11.7所示。

11.4.4　电站管理

充电站管理是运营商后台管理系统一个重要的模块，包含的主要功能有：充电站

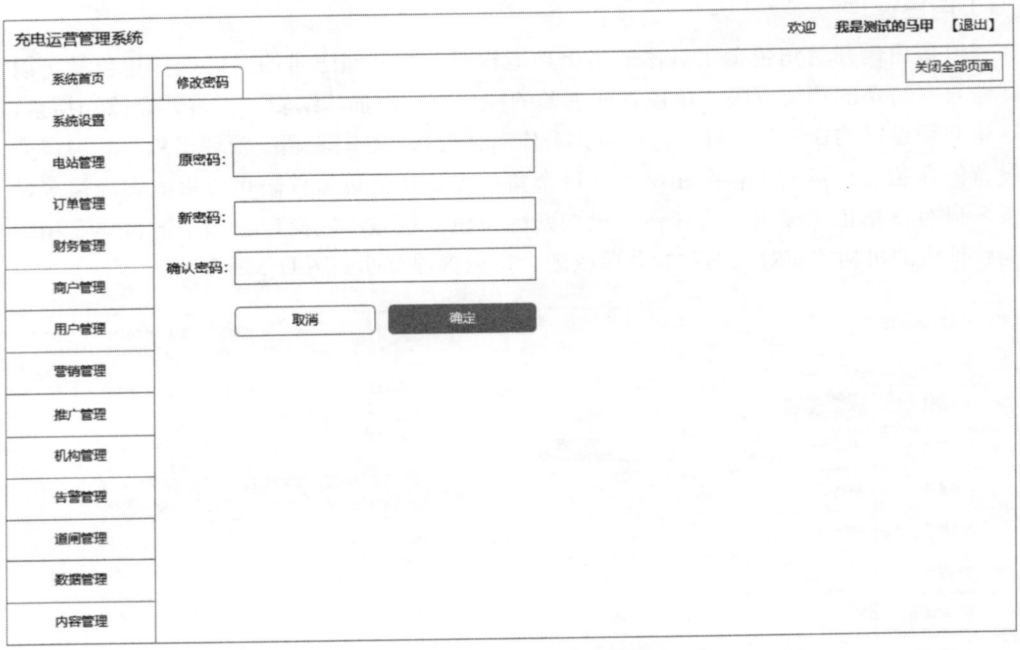

充电运营管理系统		欢迎　**我是测试的马甲**　【退出】
系统首页	修改密码	关闭全部页面
系统设置		
电站管理	原密码：	
订单管理	新密码：	
财务管理	确认密码：	
商户管理		
用户管理	取消　　　确定	
营销管理		
推广管理		
机构管理		
告警管理		
道闸管理		
数据管理		
内容管理		

图 11.6　修改密码页面

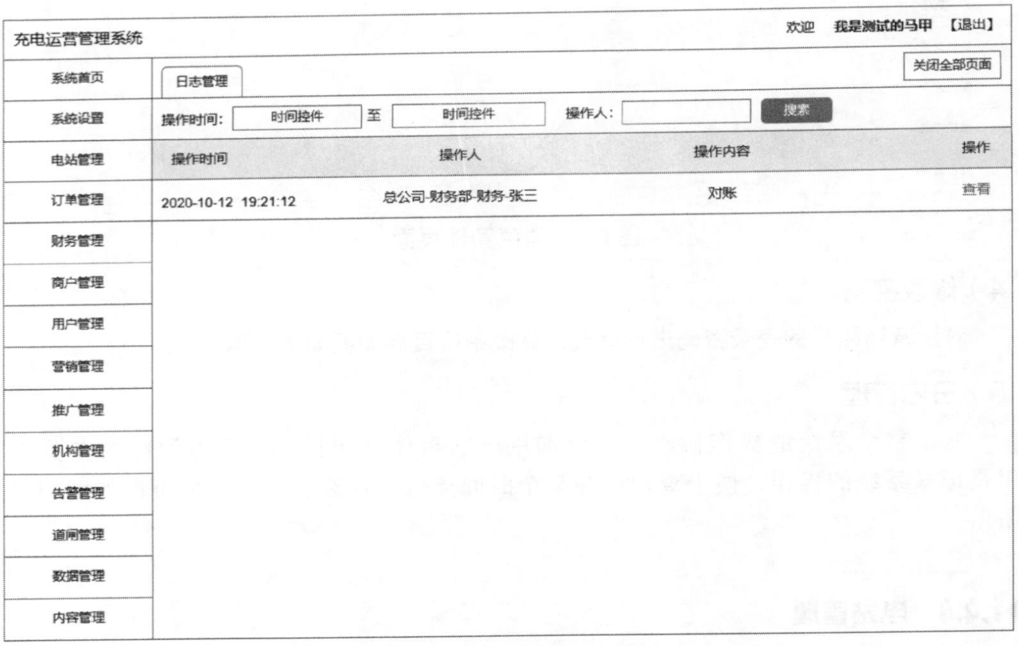

充电运营管理系统			欢迎　**我是测试的马甲**　【退出】
系统首页	日志管理		关闭全部页面
系统设置	操作时间： 时间控件 至 时间控件 操作人： 搜索		
电站管理	操作时间	操作人　　　　　　　操作内容	操作
订单管理	2020-10-12 19:21:12	总公司-财务部-财务-张三　　　对账	查看
财务管理			
商户管理			
用户管理			
营销管理			
推广管理			
机构管理			
告警管理			
道闸管理			
数据管理			
内容管理			

图 11.7　日志管理页面

管理、充电桩管理、充电枪管理。充电站运营在实际操作中有很多设置，如计费规则设置、禁用时段设置、占位费设置，这些将在创建充电站的时候直接设置好。

（1）充电站管理

显示充电站列表，可以对充电站进行管理和设置。充电站管理页面如图11.8所示。

新增充电站的时候需要填写充电站基础信息，同时设置好运营信息、计费规则、禁用时段和占位设置等。新增充电站页面如图11.9所示。

（2）充电桩管理

显示充电桩列表，可以对充电桩进行管理和设置。充电桩页面如图11.10所示。

新增充电桩必须绑定充电站，并填写充电桩基础信息，同时还必须设置充电枪数量、编号规则，设置完后充电站板块会显示绑定的充电桩和充电枪信息，同时充电枪板块也将自动显示充电枪信息。新增充电桩页面如图11.11所示。

（3）充电枪管理

显示充电枪列表，此充电枪列表信息在添加充电桩的时候生成，因此充电枪板块没有添加充电枪的按钮，后台运营人员可以对充电枪进行管理和设置。其中，SOC设置是设置每根枪可以给车充的最高SOC值，状态日志显示每根枪的状态信息，充电枪管理页面如图11.12所示。

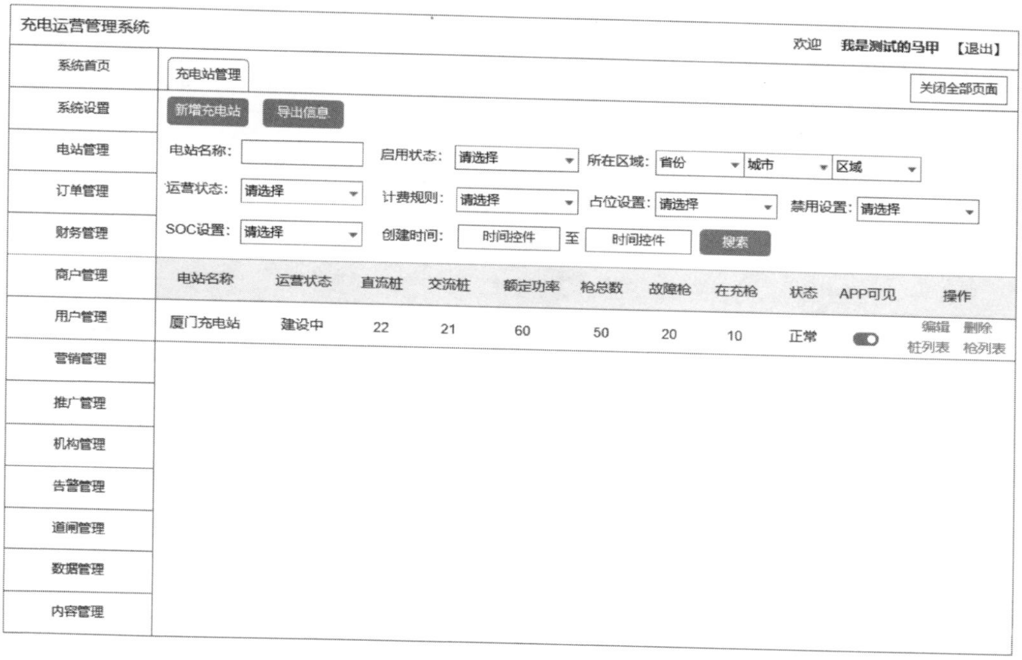

图11.8　充电站管理页面

图 11.9　新增充电站页面

图 11.10　充电桩管理页面

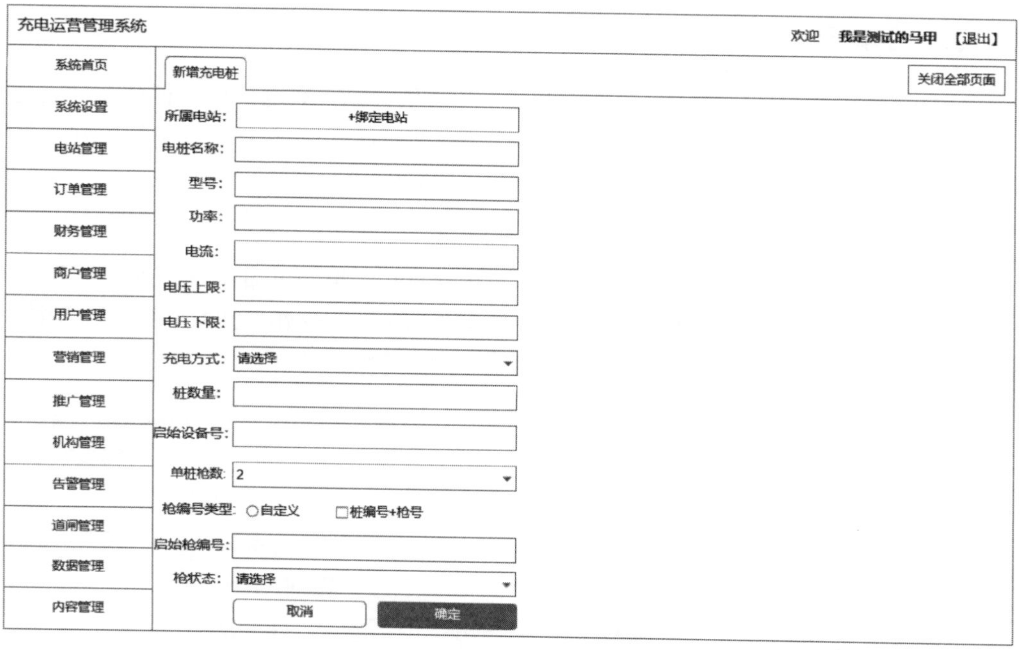
充电运营管理系统
欢迎 我是测试的马甲 【退出】
系统首页
系统设置
电站管理
订单管理
财务管理
商户管理
用户管理
营销管理
推广管理
机构管理
告警管理
道闸管理
数据管理
内容管理
新增充电桩
关闭全部页面
所属电站：
+绑定电站
电桩名称：
型号：
功率：
电流：
电压上限：
电压下限：
充电方式：
请选择
桩数量：
启始设备号：
单桩枪数：
2
枪编号类型：
自定义
桩编号+枪号
启始枪编号：
枪状态：
请选择
取消
确定

图 11.11　新增充电桩页面

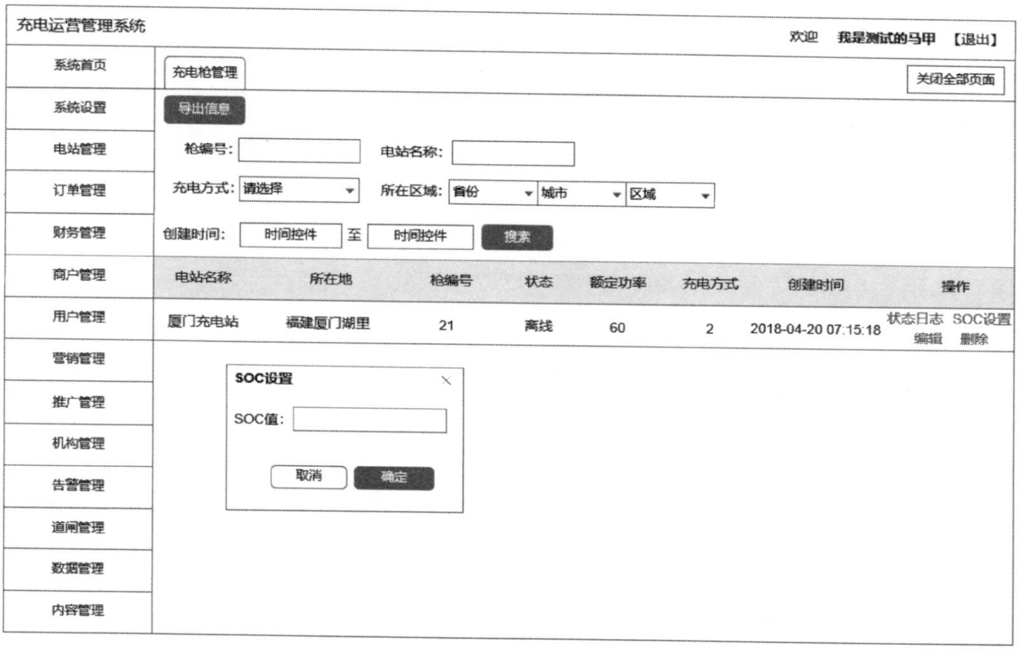
充电运营管理系统
欢迎 我是测试的马甲 【退出】
系统首页
系统设置
电站管理
订单管理
财务管理
商户管理
用户管理
营销管理
推广管理
机构管理
告警管理
道闸管理
数据管理
内容管理
充电枪管理
关闭全部页面
导出信息
枪编号：
电站名称：
充电方式：
请选择
所在区域：
省份
城市
区域
创建时间：
时间控件
至
时间控件
搜索
电站名称
所在地
枪编号
状态
额定功率
充电方式
创建时间
操作
厦门充电站
福建厦门湖里
21
离线
60
2
2018-04-20 07:15:18
状态日志 SOC设置
编辑 删除
SOC设置
SOC值：
取消
确定

图 11.12　充电枪管理页面

11.4.5 订单管理

订单管理包含两种订单，分别是充电订单和占位订单，充电订单又包含平台充电订单、互联互通订单、卡片充电订单和机构充电订单四种。互联互通订单和机构订单在推广管理和机构管理板块中为方便使用也做单独展示。

（1）充电订单

充电订单即显示新能源汽车充电的订单，包含直接充电订单和互联互通充电订单，状态包含三种：充电中、待付款、已完成。订单页面主要的操作有搜索、导出和查看。充电中的订单可以后台手动结束充电。充电订单页面如图11.13所示。

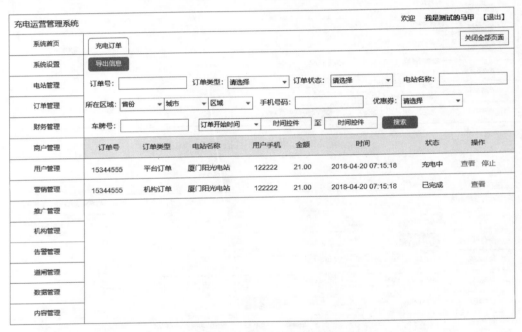

图11.13　充电订单页面

点击查看充电订单详情，订单详情包含订单基础信息、充电信息、充电桩安全信息、汽车BMS安全信息和异常信息。

（2）占位订单

这里的占位订单是当汽车订单还没开始或者订单已经结束，但车主没有拔枪占用充电枪的订单，所以这里更准确的叫法是占枪订单，但实际生活中往往习惯叫成占位订单。占位订单页面如图11.14所示。

占用的计费规则可以在充电站创建流程里设置，生成的占用订单后台可以人工免单，如果用户没有支付此订单，下次充电时会提醒用户先支付才可以启动充电订单。如

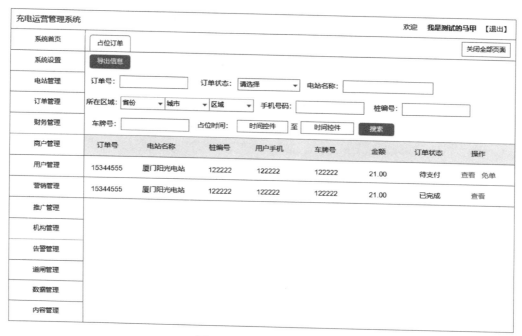

图11.14 占位订单页面

图11.15所示是计费规则设置页面。

图11.15 计费规则
设置页面

11.4.6 财务管理

　　财务管理包含充值、提现、发票和结算，是整个运营系统处理个人和机构资金往来的核心模块。

（1）充值管理

　　显示用户的充值记录，这里的充值严格意义上是不准确的，因为只有钱包才可以充值和提现，但要使用钱包的功能除非是有支付牌照或者电子钱包，在充电场景下只可以卖单用途储值卡，但目前市面上的产品大部分都叫充值和提现，这里暂且按照充值和提现来做介绍。充值管理显示用户的充值记录，包含个人充值和机构充值。如图11.16所示是充值管理页面。

（2）提现管理

　　这里的用户提现是指用户将充值到账户余额的钱进行提现，也包含个人提现和机构提现。用户充值渠道有多种，如支付宝、微信或者其他，当用户充值到账户里的时候，系统记录每一笔充值的金额和渠道，并且按照先充先消费的原则使用，但用户在具体充电产品上看到的只是一个汇总的金额。提现管理页面如图11.17所示。

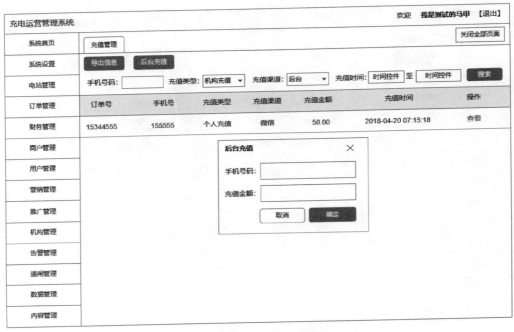

图11.16 充值管理页面

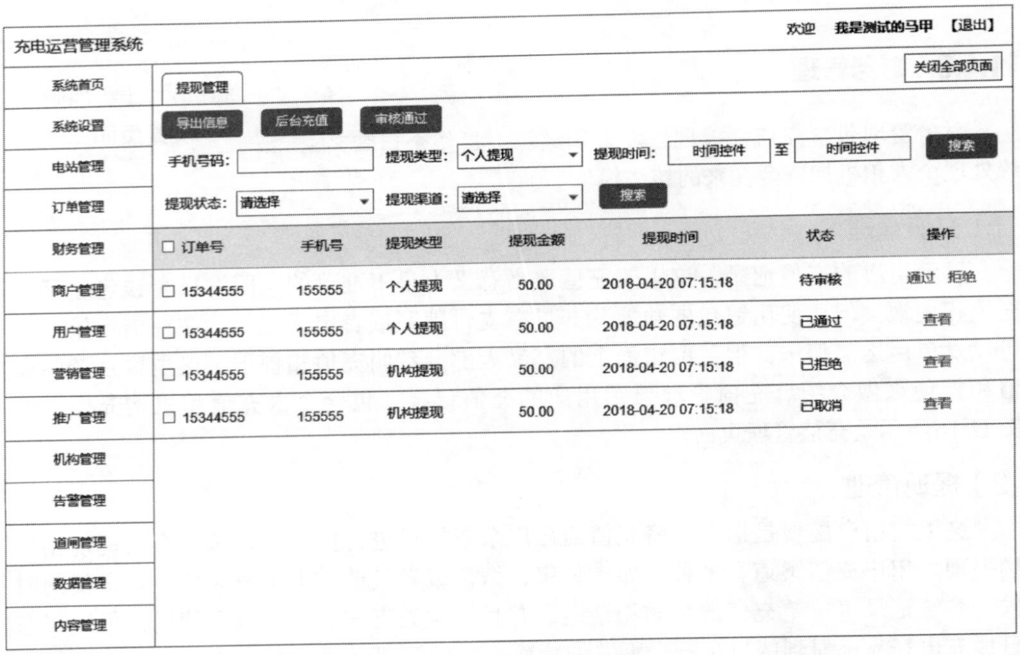

充电运营管理系统						欢迎 **我是测试的马甲** 【退出】

图11.17 提现管理页面

个人用户发起退款的时候，根据充值订单的时间采用先充先退的原则进行退款。

（1）申请提现金额

申请提现金额页面如图11.18所示。

（2）系统拆分提现订单

系统拆分提现订单页面如图11.19所示。用户同意提现，生成多笔提现订单退款给用户。

图11.18　提现申请页面

图11.19　拆分提现
订单页面

（3）发票管理

发票管理是个人在小程序/APP或者机构在管理后台申请开票，管理后台收到开票申请后进行开票，这个发票类型有增值税纸质发票、增值税专用发票和增值税电子普通发票。其中，增值税纸质发票、增值税专用发票都是纸质的审批流程，包含审核中、已同意、已拒绝和已寄出。用户在填写发票的时候需要填写快递的收货地址和联系人等信息，一般情况下快递费用由申请人承担。

如果是电子发票，审批流程也是包含审核中、已同意、已拒绝和已寄出。所不同的是申请人在申请的时候是填写接收的邮箱，发票将以线上形式发送到对应的邮箱，用户下载打印即可，电子发票后台开发需要接第三方接口。发票管理页面如图11.20所示。

（4）商户结算

根据11.4.7小节商户管理录入商户的信息，如关联的站点、结算的方式、结算周期和绑定的银行卡，自动生成结算信息，此结算信息有两种审核方式：系统自动审核和人工审核。如果人工审核，一般是运营审核完财务再审核，通过后，系统自动打款到合作商的绑定银行卡。商户结算页面如图11.21所示。

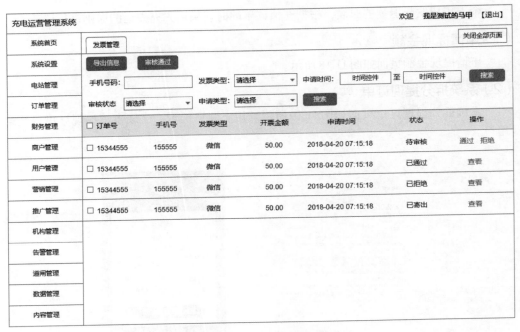

图11.20　发票管理页面

图11.21　商户结算页面

这里涉及一个分账问题，如果场站归属和运营权都属于自身平台，那平台资金分给下属商户是没问题的，但现实中往往有一种情况是场站的归属权是商户的，平台只有运营权，而用户充电的钱又是先到平台，这时候平台如果要分账给商户，就存在一个金融二清问题（即二次清结算，指的是有清结算资质的机构将资金结算给入网的商户后，该商户再将资金清结算给下游的子商户，若该商户没有清结算资质的话，就属于二清了。如果平台的经营出现问题，资金又没有受到第三方的监管，这些"裸奔"的资金很容易被平台卷走，对于商家和客户而言，都不安全。）这时候需要和银行或第三方支付公司等进行合作，从而规避潜在的金融风险。

11.4.7 商户管理

这里的商户管理主要是下属的合作商，合作商不参与场站的运营，只查看运营数据和分账，一般是运营商自己添加，合作商创建完后，可以根据创建的账号和密码登录管理后台，后台主要功能权限有系统首页、订单管理、财务管理。商户管理页面如图11.22所示。

在新增合作商的时候，必须设置商户信息、结算方式和银行卡信息，只有设置了这些信息，在11.4.6小节商户结算板块才可以生成对应的商户结算信息。具体新增商户页面如图11.23所示。

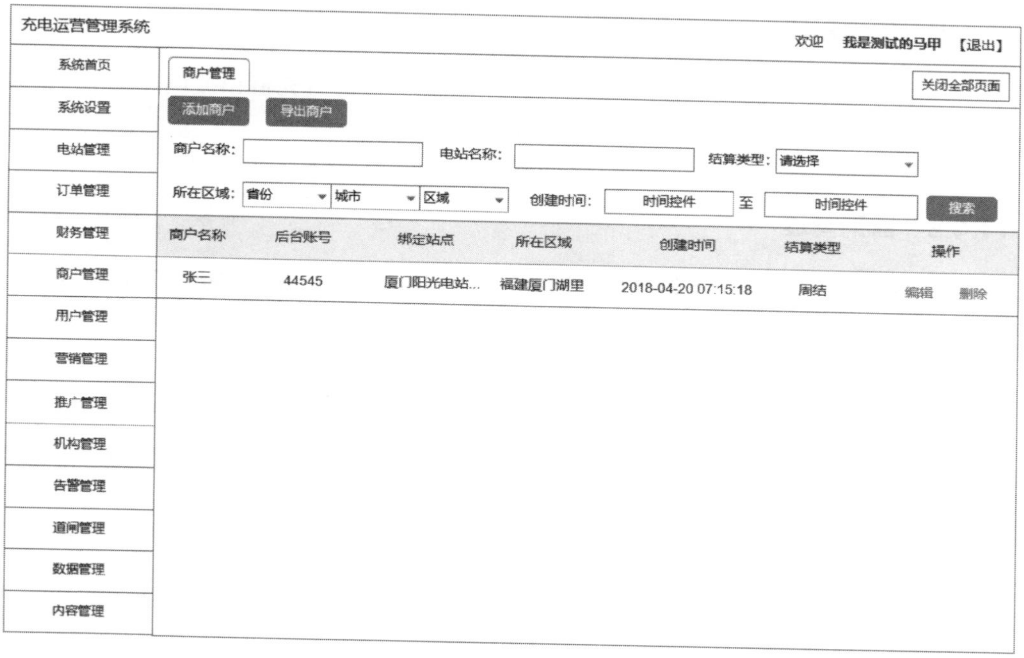

图11.22 商户管理页面

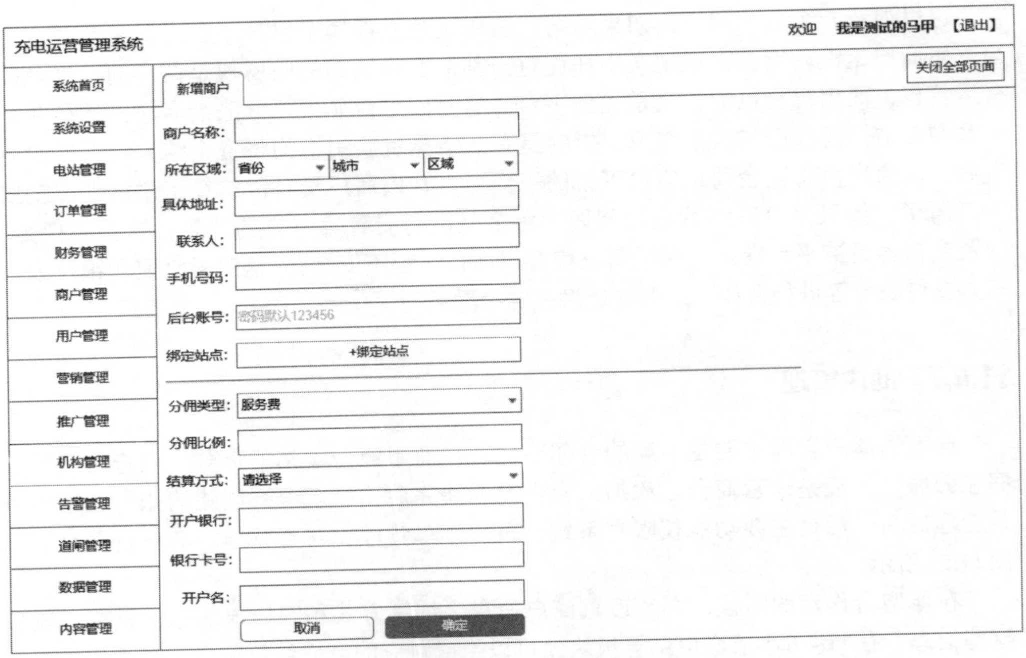

图11.23　新增商户页面

11.4.8　用户管理

　　显示用户基本信息和消费信息，可以在后台对用户进行充值和提现操作，同时也可以对用户进行禁用设置。用户管理页面如图11.24所示。

11.4.9　营销管理

　　营销管理是充电运营人员提高用户活跃度并增加充电站收入的重要方式，包含折扣、优惠券、红包、活动、卡片和积分等方式。

（1）折扣管理

　　充电站运营人员在后台设置充电站的电费或者服务费折扣，可以设置折扣开始和结束时间及参与折扣活动的站点，在司机APP/小程序上可以看到具体充电站的打折信息，这样用户就可优先选择有折扣的充电站进行充电。折扣管理页面如图11.25所示。

　　新建折扣需要设置折扣类型、折扣力度、活动时间和绑定站点的信息。新建折扣页面如图11.26所示。

（2）优惠券管理

　　充电站的优惠券包含多种类型和多种状态，可以人工发放也可以系统发放。发放后

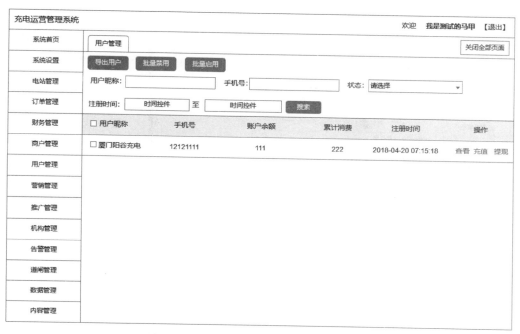

图11.24　用户管理页面

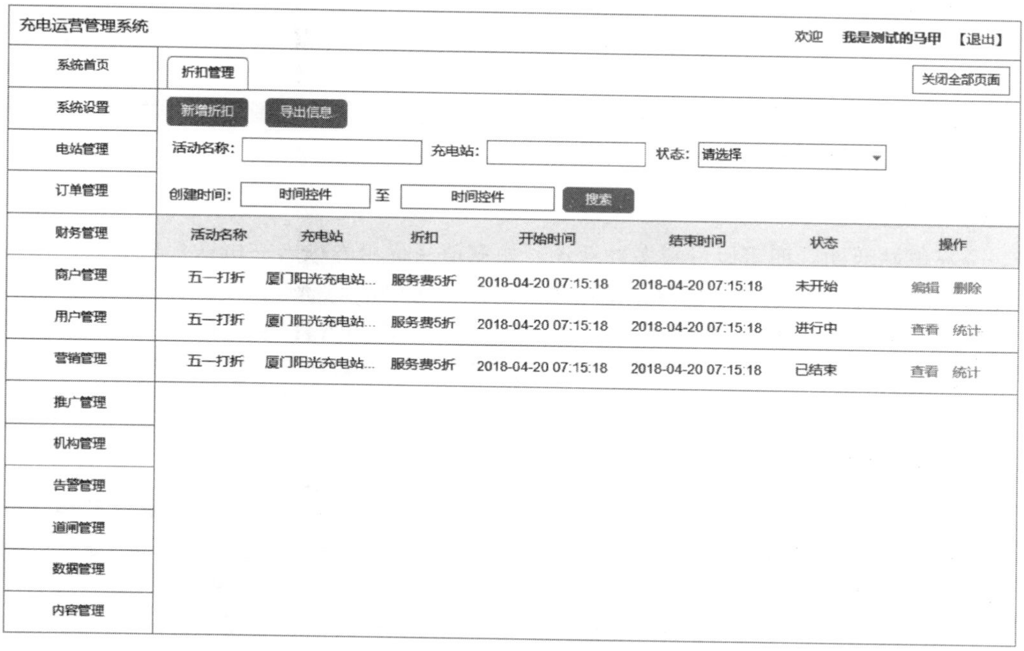

图11.25　折扣管理页面

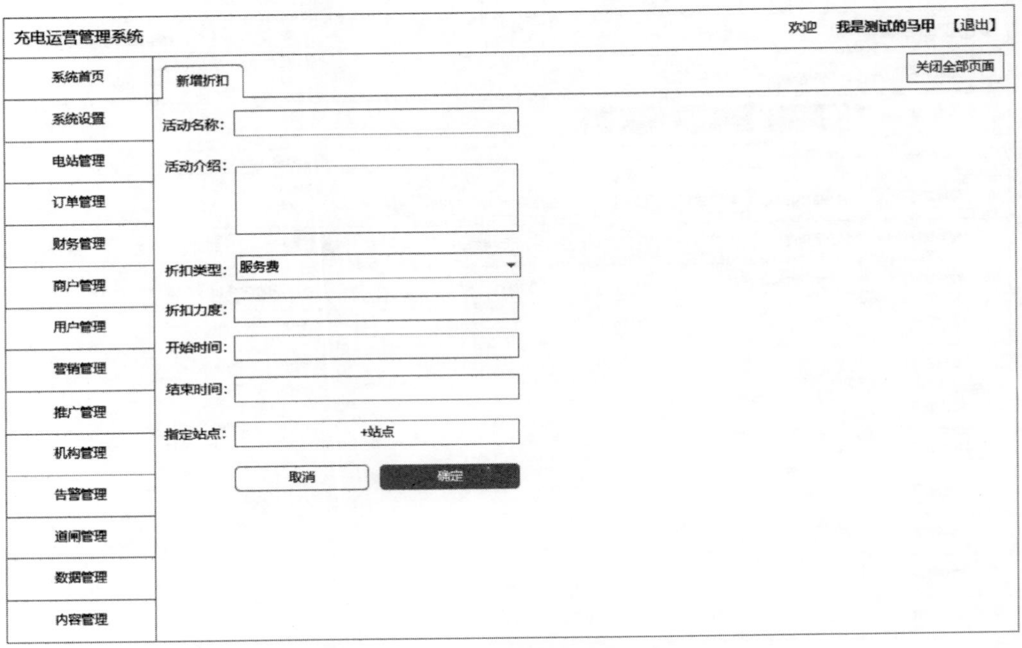

图11.26　新增折扣页面

司机端APP/小程序里的优惠券模块就可以看到收到的优惠券，在具体充电订单中可以选择使用优惠券再进行支付。后台统计发放和具体使用情况。优惠券管理页面如图11.27所示。

　　新增优惠券需要设置优惠券基础信息、折扣信息、使用范围和发送类型等。新增优惠券页面如图11.28所示。

（3）活动管理

　　充电站活动管理可以设置多种活动，如充值送优惠券或者充电送优惠券等，设置好后同时在司机端APP/小程序活动板块上显示相应的活动信息，司机看到活动信息可以参与活动，后台统计活动的参与信息。活动管理页面如图11.29所示。

　　新增活动可以选择活动类型后，再根据类型填写对应的活动信息。新增活动页面如图11.30所示。

（4）红包管理

　　充电站运营人员可以在后台设置红包金额、个数并指定用户进行发送，被指定的司机在打开APP/小程序时可以看到红包并点击领取，领取的红包将直接加到账户余额里可做充电使用，后台统计红包发放和使用情况。红包管理页面如图11.31所示。

　　这里的红包是设置每个具体金额并指定用户直接发放，新增红包的页面如图11.32所示。

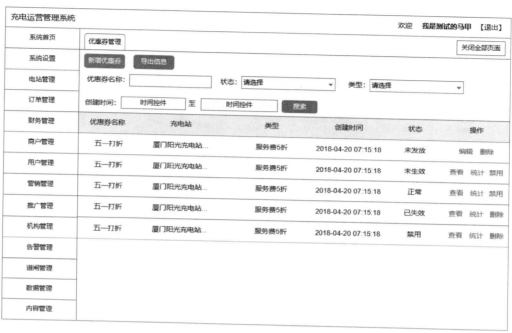

图11.27　优惠券管理页面

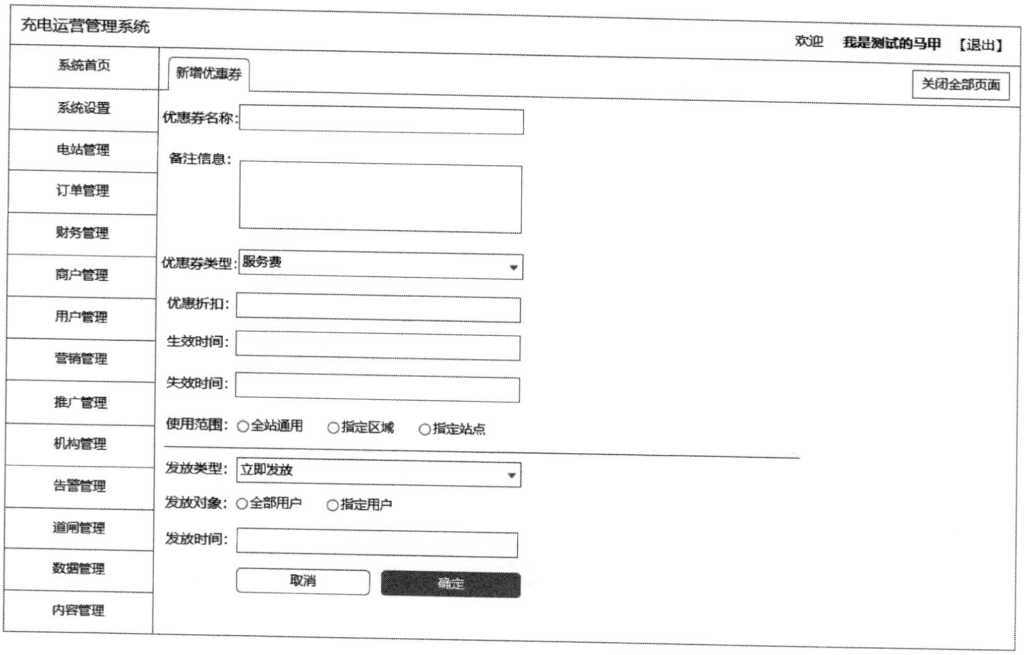

图11.28　新增优惠券页面

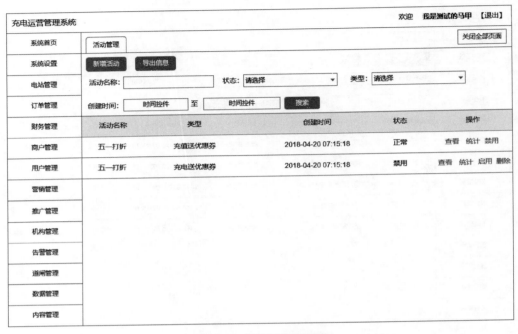

图11.29　活动管理页面

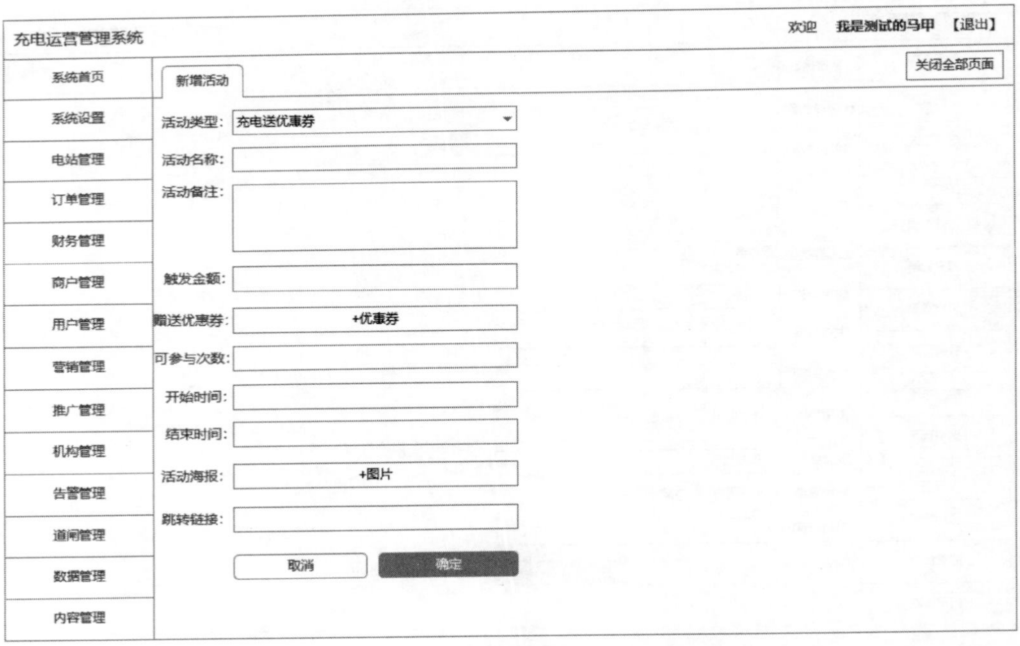

图11.30　新增活动页面

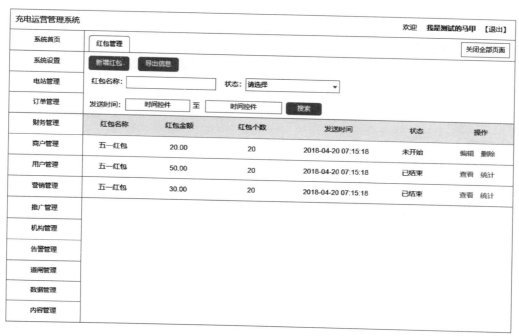

图11.31　红包管理页面

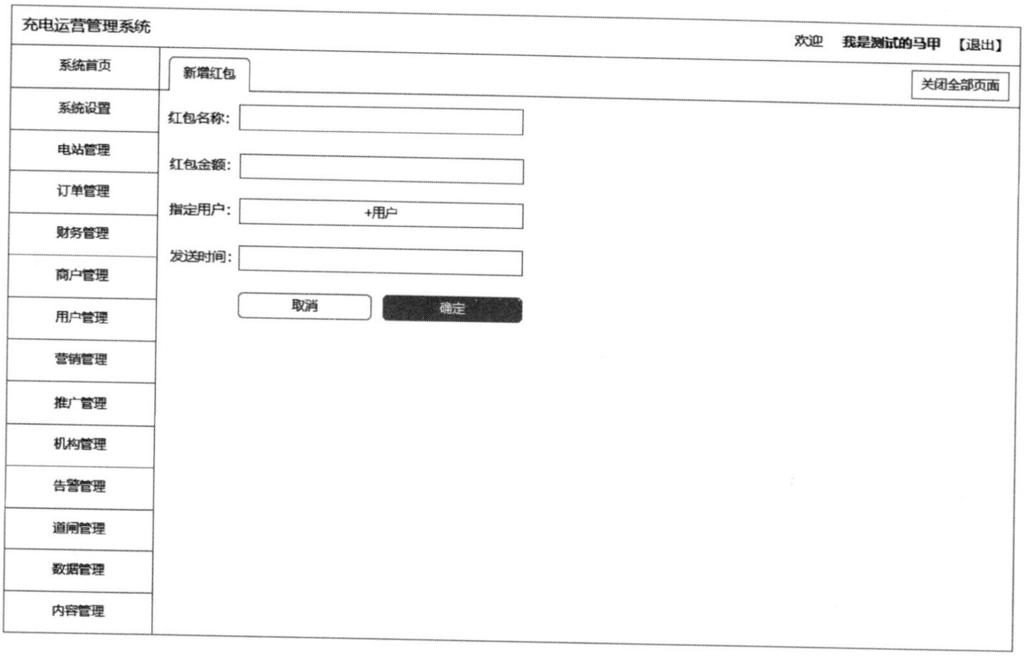

图11.32　新增红包页面

（5）卡片管理

这里的卡片跟电话卡的运营模式和使用场景有点像，运营人员可以将固定面额的充电卡卖给司机，并在后台添加卡片并激活卡片，用户拿到卡片后可以直接刷卡进行充电，后台统计卡片的使用情况。卡片管理页面如图11.33所示。

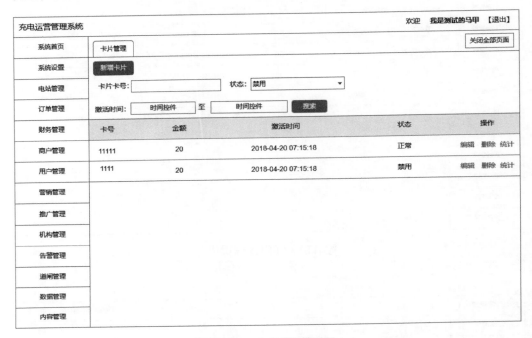

图11.33　卡片管理页面

后台可以激活卡片和禁用卡片。新增卡片页面如图11.34所示。

（6）积分管理

运营人员可以在后台设置积分规则和积分兑换礼物，司机在充电过程中获取积分，当积分累积到一定数额后可以兑换到对应的礼物。积分管理页面如图11.35所示。

礼物可以是实物或虚拟物品，但实物需要用户线下去拿或者邮寄。新增礼物页面如图11.36所示。

11.4.10　推广管理

这里的推广主要是指充电平台之间的互联互通，充电运营平台将自己的充电站数据发布到其他平台，其他平台的用户可以看到我方的充电站并通过这些平台进行充电，或者其他平台的充电站数据发布到我方平台，我方平台的用户可以通过其他平台的充电站进行充电。

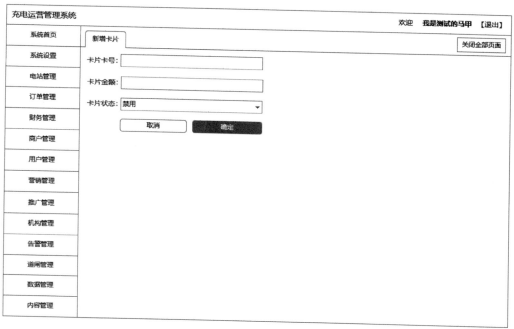

图11.34　新增卡片页面

图11.35　积分管理页面

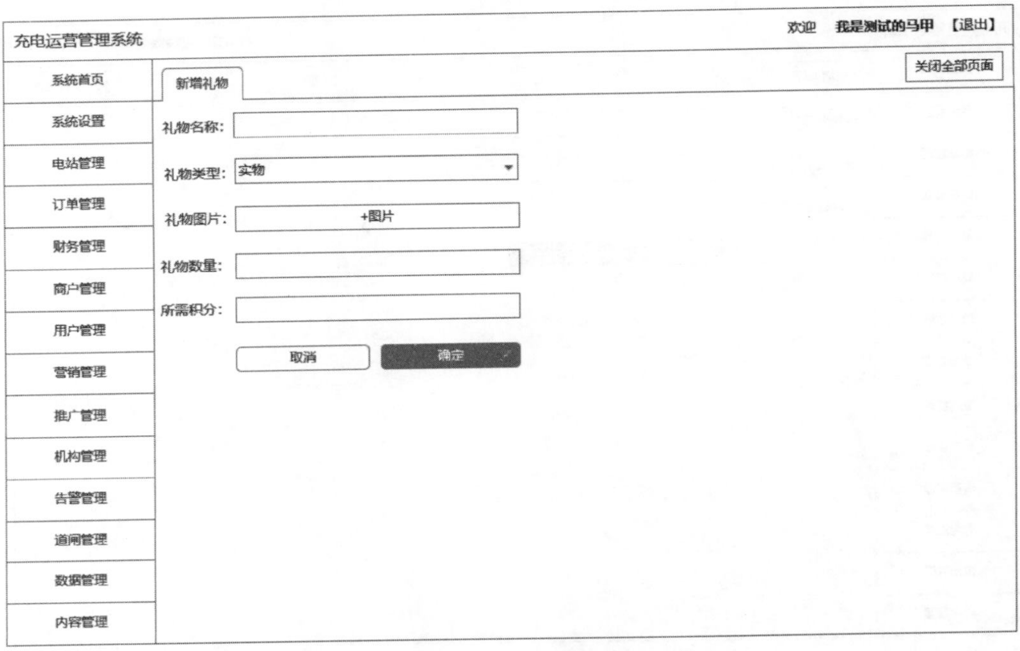

图11.36 新增礼物页面

（1）什么是互联互通

互联互通其实是一个广谱的概念，很多行业都有互联互通的概念。新能源充电桩行业的互联互通是指平台跟平台之间做充电桩信息交互，简单地理解就是将自己的充电桩数据打包一份发布到其他平台或者其他平台的充电桩数据打包一份发布到自己的平台，这样用户就可以在更多平台看到你的充电桩，并且通过其他平台的小程序启动你的充电桩，并在小程序上实现费用支付，这个费用从用户小程序到合作平台，从合作平台再到自己平台，如果是其他平台充电桩数据发布到自己平台，现金流走向刚好相反。

（2）直连和互联互通的区别

目前充电桩接入平台的方式有两种：直连和互联互通。直连和互联互通区别如表11.3所示。

表11.3 直连和互联互通的区别

业务功能	直连	互联互通
平台与设备直接通信	支持	不支持
行业标准对接协议	无	有
平台添加设备到已有站点	支持	不支持
平台对设备基础信息的编辑	支持	不支持
平台对设备所属站点的迁移、变更	支持	不支持

业务功能	直连	互联互通
历史站点设备信息（从原平台切换到其他平台后的显示数据）	无	有
平台充电调用	支持	支持
平台对站点基础计费设置	支持	不支持
充电数据 - 本平台调用的部分	有	有
充电数据 - 互联互通外部平台调用的部分	无	有
充电数据 - 历史（设备从原平台切换变更的场景）	无	有
告警上报	有	无
BMS 信息上报	有	无
接入政府监管平台	支持	不支持
接入政府监管平台 - 重新接入（设备从原平台切换变更的场景）	支持	不支持
互联互通充电导流	支持	不支持

（3）互联互通功能介绍

运营管理后台的互联互通板块主要的核心功能有平台管理、发布电站、接收电站、互联互通订单。

① 平台管理：运营平台和其他平台签订互联互通协议，同时，技术开发人员向互联互通对接，对接后根据协议在后台录入平台。这里的平台有三种合作模式：充电站数据发布到对方平台、对方充电数据发布到我方平台、我方发布充电站数据到对方平台同时对方也发布充电站数据到我方平台。平台管理页面如图11.37所示。

不管是哪种形式一般都是通过接收方的订单统计作为财务结算的根据，同时接收方一般有分佣，所以在录入平台的时候一般会限定结算方式和给发布数据方设置登录账号，发布方登录账号后可以查看在接收方产生的订单并根据分佣比例计算出可以提现的金额。新增平台的页面如图11.38所示。

② 发布电站：发布电站选择要发布的充电站并选择已经建立互联互通的平台发布，发布后对方平台可以看到我方的充电站并进行上架，上架到对方平台的充电站，对方平台的用户可以看到并进行充电，从而产生互联互通订单。发布电站页面如图11.39所示。

③ 接收电站：接收电站选择其他平台推送到我方平台的充电站进行上架，上架后我方平台的用户就可以看到其他平台的充电站并进行充电，从而产生互联互通订单。接收电站页面如图11.40所示。

④ 互联互通订单：互联互通的订单显示接收到发布其他平台的全部订单，同时发布到我方平台的充电平台，可以根据平台列表添加平台时新增的账号登录后查看自己的订单数据，同时根据结算和分佣机制自动计算可以提现的金额，同时我方发布到其他平台的充电站数据产品的订单和结算可登录到对方平台进行查看，一般财务结算是根据接收方平台的数据为准，这个具体也根据互联互通的合同确定。互联互通订单页面如图11.41所示。

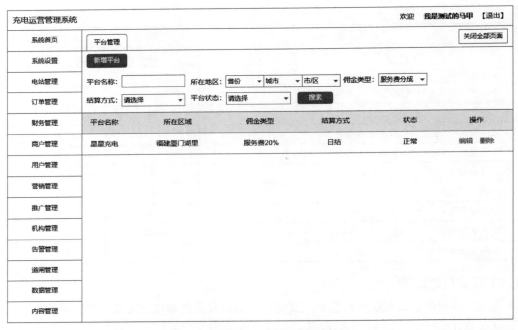

图 11.37　互联互通平台管理页面

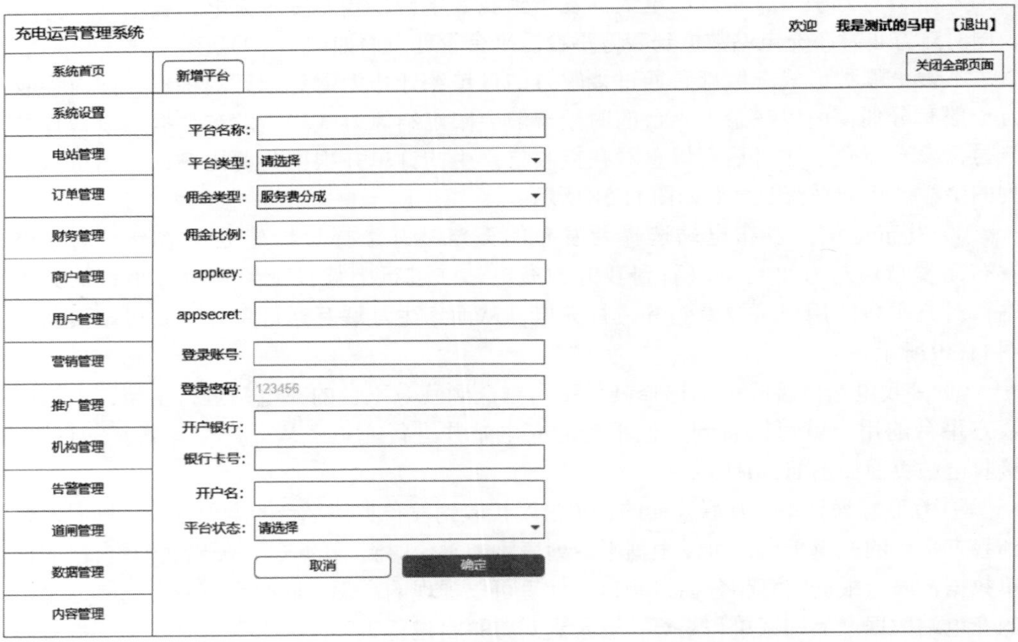

图 11.38　互联互通新增平台页面

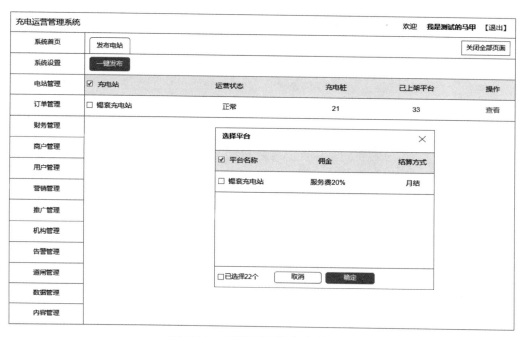

图11.39　互联互通发布电站页面

系统首页	接收电站					关闭全部页面

（接收电站页面）

图11.40　互联互通接收电站页面

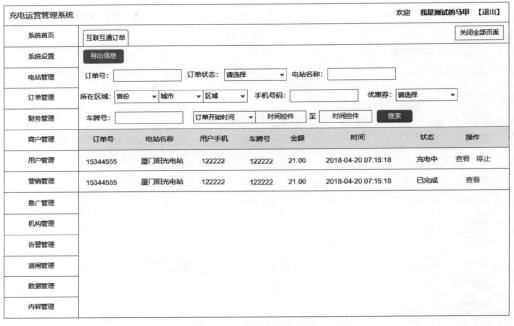

图 11.41　互联互通订单页面

11.4.11　机构管理

机构管理是运营平台给下属B端客户如企业或车队提供充电的管理板块。机构管理者拿到登录账号密码后进到机构的管理后台，机构管理者要提前充值并添加员工基础信息和充电方式信息，一个员工最多可以通过手机APP、卡片和VIN三种方式进行启动充电，充电消费的金额直接从机构总账号里的金额扣除。

（1）机构列表

显示运营商下属的机构列表。机构管理者拿到账号后可以通过账号和密码登录机构管理后台对账号进行充值，充值后机构内的全部员工消费将直接在机构账号余额里扣除。机构管理后台主要有首页、用户管理和订单管理三个模块。首页显示基本信息、充值记录和提现记录等相关信息，员工管理显示员工相关信息，可以对员工进行管理，订单管理显示消费的订单，可以对订单进行管理。机构管理页面如图11.42所示。

新增机构除添加基础信息外还必须绑定站点，绑定站点就限定了机构下属用户可以使用的充电站对象。新增机构的页面如图11.43所示。

（2）员工管理

显示机构管理者添加的员工列表，员工充电方式包含APP账号、卡片和VIN等信息。员工管理页面原型如图11.44所示。

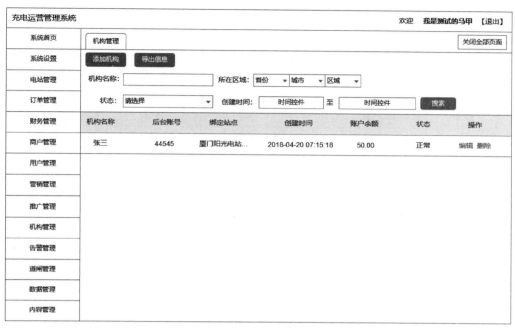

图11.42　机构管理页面

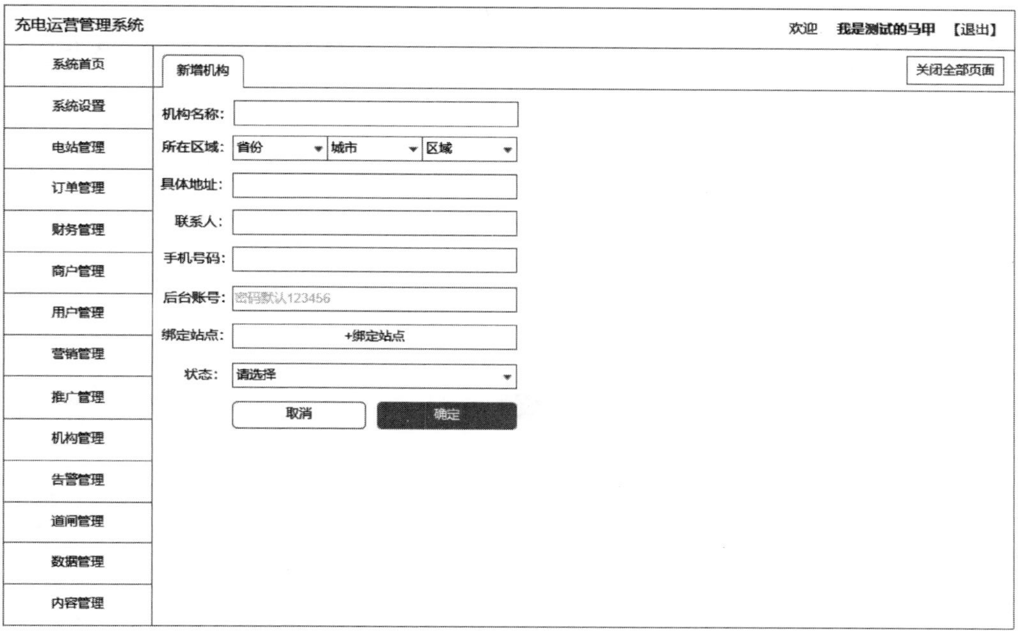

图11.43　新增机构页面

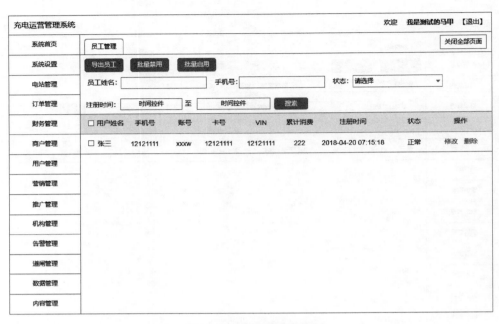

图11.44　员工管理页面

新增员工除员工基本信息外还需要添加充电方式，如APP账号、卡号和VIN，这三个必须填写一个。新增员工页面如图11.45所示。

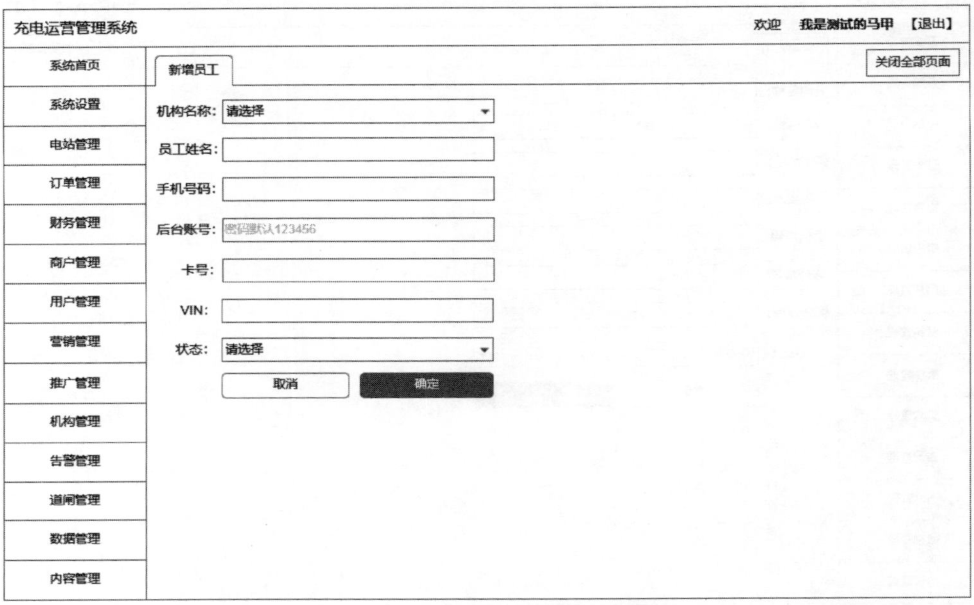

图11.45　新增员工页面

（3）机构订单

显示机构用户的充电订单，包含APP、卡片和VIN三种。机构订单页面如图11.46所示。

充电运营管理系统						欢迎 **我是测试的马甲** 【退出】		
系统首页	机构订单							关闭全部页面
系统设置	导出信息							
电站管理	订单号：		订单状态：请选择 ▼		电站名称：			
订单管理	所在区域：省份 ▼ 城市 ▼ 区域 ▼			手机号码：		优惠券：请选择 ▼		
财务管理	车牌号：		订单开始时间 ▼ 时间控件 至 时间控件				搜索	
商户管理	订单号	电站名称	用户手机	车牌号	金额	时间	状态	操作
用户管理	15344555	厦门阳光电站	122222	122222	21.00	2018-04-20 07:15:18	充电中	查看 停止
营销管理	15344555	厦门阳光电站	122222	122222	21.00	2018-04-20 07:15:18	已完成	查看
推广管理								
机构管理								
告警管理								
道闸管理								
数据管理								
内容管理								

图11.46　机构订单页面

11.4.12　告警管理

显示充电桩的告警信息，从状态上分未恢复和已恢复。平台运维人员需要处理的是未恢复的告警信息，同时运维人员还需要关心离线桩的数据，这些在充电枪列表有显示。运维人员使用运维APP，此APP主要显示负责区域的充电站的离线桩和充电站告警的信息，运维人员在实地处理后再标记处理情况，此处理情况再同步显示到后台即可。告警列表页面如图11.47所示。

11.4.13　道闸管理

道闸管理主要是平台会把充电订单信息（重点是车牌号和充电时长）推送给道闸，当车辆出站的时候道闸根据车辆进站的信息（主要是车牌号和进站时间）判定车辆是否可以享受充电后的停车减免，如果用户没绑定车牌号将无法享受停车减免，如果绑定了车牌号后在站时间没有超过充电后停车减免的时间就可以顺利出站，如果超过停车减免的时间他就需要付停车费。此处的核心功能有两点：道闸列表和信息管理。

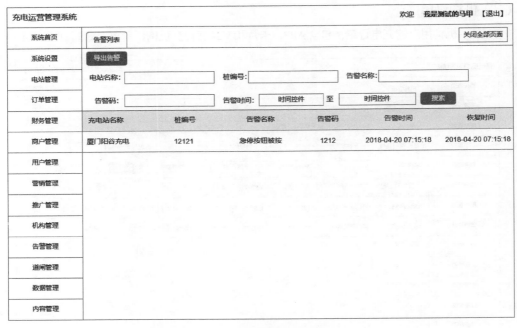

图11.47 告警列表页面

（1）道闸列表

道闸列表根据充电站和对接的道闸信息在后台添加对应信息，主要功能有添加、删除、编辑和搜索。道闸列表页面如图11.48所示。

在添加道闸的时候需要录入绑定的充电站、道闸对应的接口信息和充电站及减免信息。新增道闸页面如图11.49所示。

（2）信息管理

显示订单推送记录的主要作用是排查是否推送成功。另外，如果用户没绑定车牌号出站、道闸无法识别需要付停车费的时候，司机可联系客服后台手动添加车牌号并推送记录。信息管理页面如图11.50所示。

11.4.14 数据管理

主要是统计各个维度的运营数据，方便运营做数据分析和对比。此处可根据实际运营需求增加统计数据。如营收统计、设备统计、状态统计、结算统计。

（1）营收统计

统计各个充电站的营收数据，方便运营者对比分析充电站运营情况。营收统计页面如图11.51所示。

充电运营管理系统			欢迎　**我是测试的马甲**　【退出】

系统首页	道闸列表			关闭全部页面
系统设置	新增道闸			
电站管理	电站名称：[ ]　　　道闸编号：[ ]　　　搜索			
订单管理	电站名称	道闸编号	减免方式	操作
财务管理	厦门阳谷电站	21212	免费2小时	查看　编辑
商户管理				
用户管理				
营销管理				
推广管理				
机构管理				
告警管理				
道闸管理				
数据管理				
内容管理				

图11.48　道闸列表页面

充电运营管理系统		欢迎　**我是测试的马甲**　【退出】

系统首页	新增道闸	关闭全部页面
系统设置	道闸名称：[ ]	
电站管理	道闸编号：[ ]	
订单管理	绑定电站：[+绑定站点]	
财务管理	接口地址：[ ]	
商户管理	用户名：[ ]	
用户管理	登录密码：[ ]	
营销管理	优惠类型：[时长 ▼]	
推广管理	优惠额度：[ ]	
机构管理	取消　　　　确定	
告警管理		
道闸管理		
数据管理		
内容管理		

图11.49　新增道闸页面

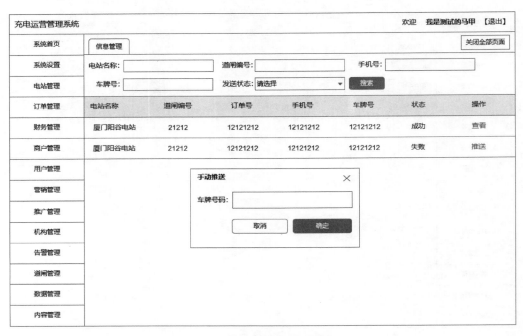

图 11.50　信息管理页面

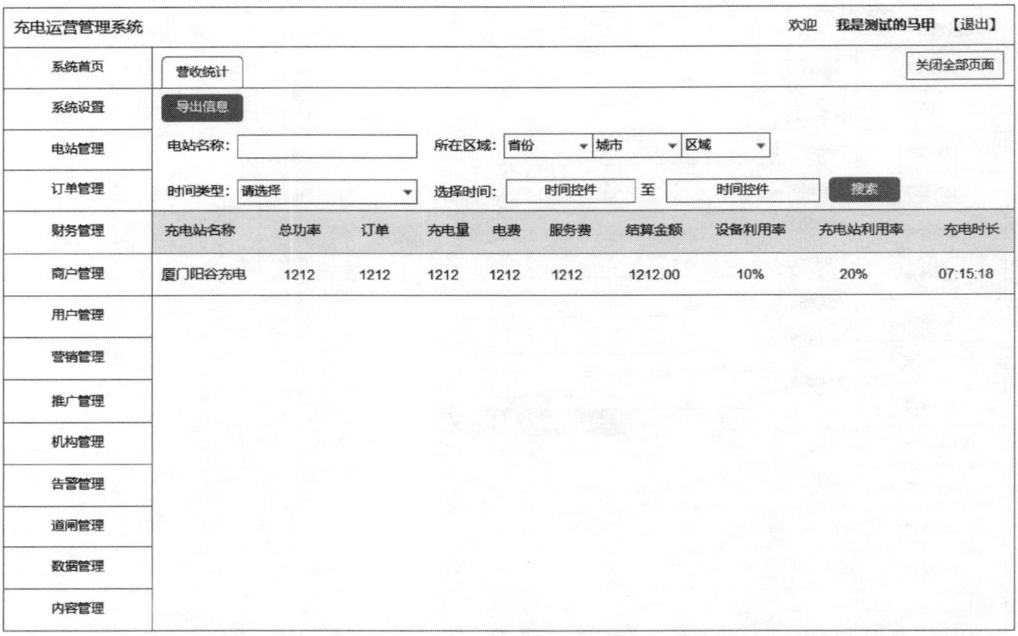

充电站名称	总功率	订单	充电量	电费	服务费	结算金额	设备利用率	充电站利用率	充电时长
厦门阳谷充电	1212	1212	1212	1212	1212	1212.00	10%	20%	07:15:18

图 11.51　营收统计页面

（2）设备统计

统计各个充电站的设备数量情况，页面如图11.52所示。

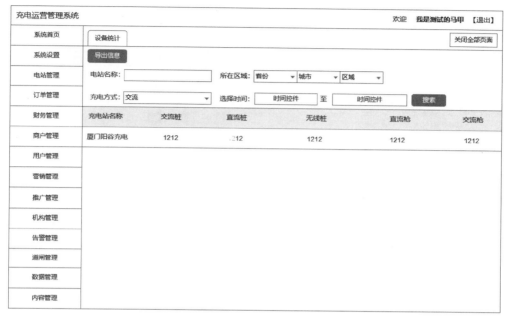

图11.52 设备统计页面

（3）状态统计

统计各个充电站的设备运行状态，页面如图11.53所示。

（4）结算统计

统计合作商的结算数据，页面如图11.54所示。

11.4.15 内容管理

内容管理和系统设置一样是后台的基本管理模块，这里主要包含广告管理、消息管理、反馈管理和商务合作等四个模块。

（1）广告管理

广告管理控制小程序/APP的BANNER广告，可以自己定义图片和显示的顺序等，主要操作有添加、编辑和删除。广告管理页面如图11.55所示。

（2）消息管理

这是常规的系统消息推送，推送后用户可以收到产品消息。消息管理页面如图11.56所示。

充电运营管理系统
欢迎 我是测试的马甲 【退出】
系统首页
系统设置
电站管理
订单管理
财务管理
商户管理
用户管理
营销管理
推广管理
机构管理
告警管理
道闸管理
数据管理
内容管理
状态统计
关闭全部页面
导出信息
电站名称：
所在区域：
省份
城市
区域
充电方式：
交流
选择时间：
时间控件
至
时间控件
搜索
充电站名称 充电桩 充电枪 空闲 充电中 占位中 离线 维护 故障 告警
厦门阳谷充电 1212 1212 1212 1212 1212 1212 1212 1212 1212

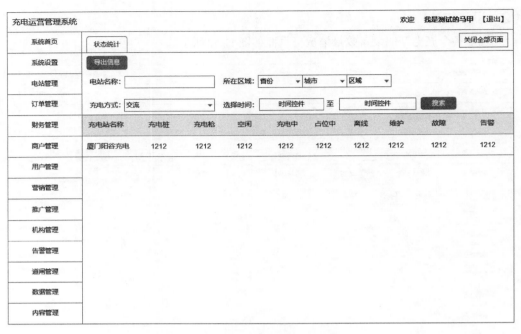

图 11.53　状态统计页面

充电运营管理系统
欢迎 我是测试的马甲 【退出】
系统首页
系统设置
电站管理
订单管理
财务管理
商户管理
用户管理
营销管理
推广管理
机构管理
告警管理
道闸管理
数据管理
内容管理
结算统计
关闭全部页面
导出信息
商户名称：
所在区域：
省份
城市
区域
结算类型：
周结
搜索
商户名称 所在区域 结算类型 结算次数 结算金额
厦门充电商户 福建厦门湖里 日结 1212 1212.00

图 11.54　结算统计页面

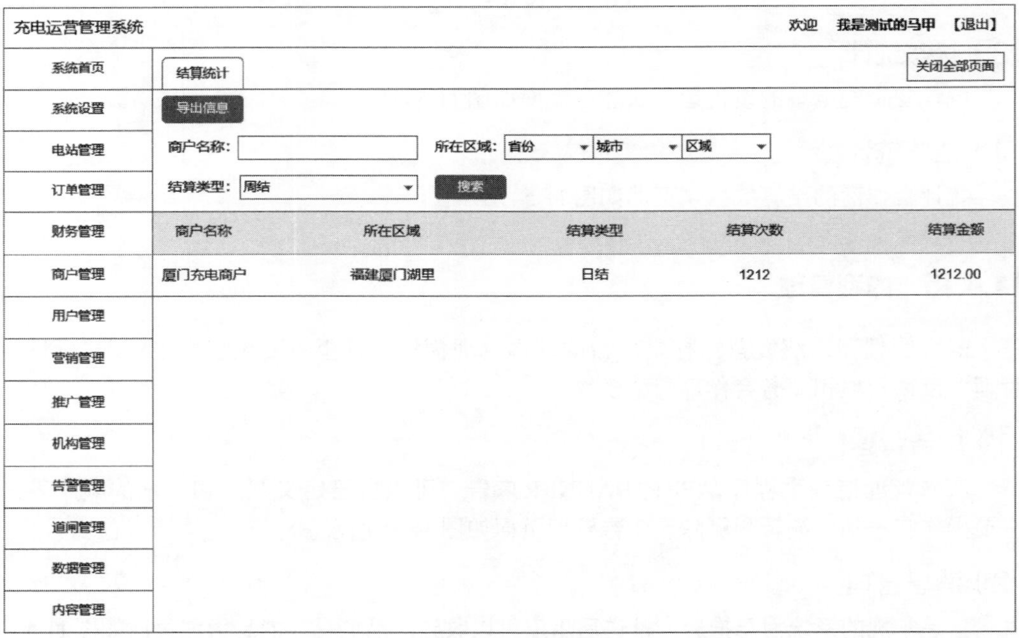

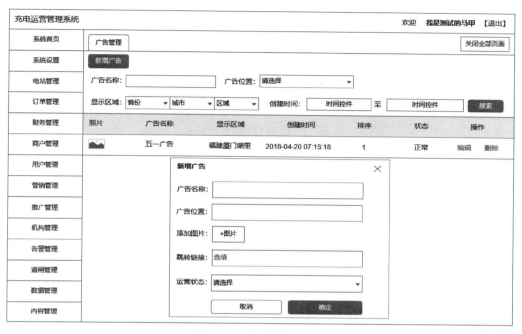

图11.55　广告管理页面

图11.56　消息管理页面

（3）反馈管理

显示用户在帮助中心反馈的问题列表，状态有已回复和待回复，运营或客服人员可以就待回复的内容进行回复。反馈管理页面如图 11.57 所示。

（4）商务合作

显示用户提交的商务合作信息，有已处理和未处理两种状态，运营或客服人员可以就未处理的内容进行回复。商务合作页面如图 11.58 所示。

图 11.57　反馈管理页面

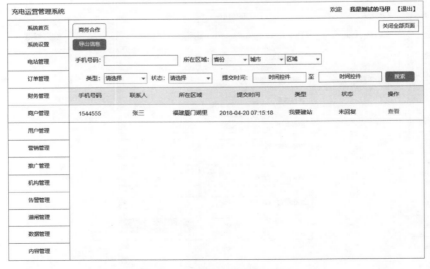

图 11.58　商务合作页面

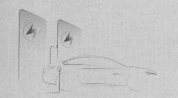

第 12 章

充电桩进出口解决方案

中国目前在充电站建设方面应该算是世界领先的，随着国内市场的竞争越来越激烈，很多充电厂商也将销售市场进行了拓展。这里盘点一下相比国内市场，国外的充电桩产品有哪些不一样的地方。

12.1　国际市场分析

12.1.1　欧洲

（1）欧洲充电桩增速明显滞后，公共车桩比较高

2020年和2021年欧洲新能源汽车保有量分别为246万辆和437万辆，同比增长77.3%、48.0%；电动车的渗透率快速上升，配套的充电桩需求也随之大幅增加，但欧洲充电桩增速明显滞后于新能源车销量，公共车桩比较高，2020年和2021年公共充电桩保有量分别为27万台、36万台，同比增长29.2%、29.9%，增速明显低于新能源汽车保有量增速。据此测算欧洲2020年和2021年公共车桩比分别为9.0、12.3，处于较高水平。

（2）政策推动下欧洲充电基础设施建设加速，将极大带动充电桩需求

2021年，欧洲充电桩保有量36万个，市场新增规模4.7亿美元。预计2025年欧洲充电桩市场新增规模有望达到37亿美元，增长速度维持较高水平，市场空间广阔。

12.1.2　美国

（1）美国政府积极推动充电基础设施建设，充电桩需求迎来快速增长

特斯拉推动美国新能源车市场的快速发展，但充电基础设施配套建设相对于新能源车发展明显落后。截至2021年底，美国新能源车充电桩保有量11.3万台，而新能源车保有量202.0万台，车桩比高达15.9，充电桩配套建设明显不足。美国通过NEVI计划，推动电动车充电基础设施建设，2030年前建立由50万座充电站组成的全国网络，新标准从充电速度、用户覆盖、互通性、支付系统、定价等多方面作出规定。新能源车渗透率提升，加上政策大力支持，将极大推动充电桩需求快速增长。此外，美国新能源车产销快速增长，2021年新能源车销量65.2万辆，到2025年预计将达到307万辆，CAGR（复合年均增长率）为36.6%，新能源车保有量将达到906万辆。充电桩是新能源车补能的重要基础设施，新能源车保有量的上升必须同步配套充电桩，满足车主的充电需求。

（2）美国充电桩需求有望持续快速增长，市场空间广阔

2021年，美国充电桩市场总规模较小，为1.8亿美元，随着新能源车保有量快速增长带来的充电桩配套建设需求，预计2025年全国充电桩市场总规模将达27.8亿美元，CAGR高达70%，市场持续快速增长，未来市场的空间广阔。

12.1.3 中东

（1）主要国家

如表12.1所示为中东一些主要国家GDP数据。

表12.1 中东主要国家GDP

国家	GDP/亿美元	国土面积/km²	人口/百万
沙特阿拉伯	700	2149690	34.8
土耳其	761	783562	82
以色列	395	22072	9.2
阿联酋	421	83600	9.9
卡塔尔	192	11586	2.8

（2）国家政策

中东国家主要政策如表12.2所示，表格里显示数据截止到2023年3月份。

表12.2 中东国家主要政策

国家	新能源车辆数	充电桩数量和类型	政策/目标相关
沙特阿拉伯	2668辆	约2300个充电桩，其中直流600个	—
土耳其	5000辆	约2423个充电桩，交流2223个，直流200个	—
以色列	3000辆	约2000个充电桩	财政支持继续拓建
阿联酋	7331辆	约325个充电站	推动绿色出行解决方案计划，免除注册电动汽车的充电费用等
卡塔尔	1500辆	500多个充电桩，直流充电桩约200个	政府提供激励措施如免征进口关税、减免车辆注册费和提供充电桩补贴等

（3）市场容量

市场研究公司Mordor Intelligence的数据显示，2021年中东和非洲电动汽车市场价值为4025万美元，预计到2027年将达到9310万美元，预测期内复合年增长率超过15%。中东电动汽车充电基础设施市场预计2019～2025年复合年增长率为56.4%。

（4）竞争对手

目前，中东电动汽车充电基础设施市场的主要参与者包括8家：ChargePoint, Inc.、ABB、Webasto Thermo & Comfort、Shell International BV、施耐德电气、雷诺集团、Phihong USA Corp.、EV Safe Charge Inc.。

（5）面临挑战

① 政府财政支出有限：相较于传统汽车，电动汽车的成本较高，这在埃及等国家更为明显。2022年和2023年的高通胀率进一步加剧了这一问题。例如，由于埃及政府当前实行严格的紧缩政策，为电动汽车行业提供足够的财政支持变得尤为困难，这可能导致电动汽车在该地区的普及度较低。

② 新能源续航有限：尽管各阿拉伯国家都在努力扩展基础设施，但新能源车的有效里程仍然有限。对于那些习惯于长途驾车的国家，如沙特阿拉伯和阿曼，这是一个巨大的挑战。目前电动汽车的平均续航里程为349公里，这限制了其在某些地区的应用。

③ 低油价的竞争问题：在沙特阿拉伯、科威特等产油大国，由于油价较低，电动汽车与化石燃料动力汽车的竞争力相对较弱。在如埃及这样的国家，由于汽油价格受到补贴，传统汽车的竞争力也得到了维持。

④ 政治稳定性的挑战：中东地区的政治稳定性对新能源汽车充电基础设施建设产生了影响。突发的地缘政治冲突增加了建设基础设施的难度和风险。

⑤ 气候对性能的影响：例如，伊拉克的夏季平均气温可高达51℃，这对电动汽车性能产生了负面影响。高温可能会缩短车辆的续航里程，而低温则可能使电池和其他部件的运行需要更多能量。

12.1.4　印度尼西亚

（1）市场情况

截至2022年底，印度尼西亚的电动车销量达到了10,327辆，相较于2021年的687辆，同比增长了惊人的1400%。至于充电设施，印度尼西亚共有350个充电站和超过620个充电桩。

（2）政府政策

2023年3月，印度尼西亚政府宣布了一系列新的激励措施，旨在支持电动摩托车、电动汽车和电动公交车的销售。这些措施的核心目标是通过对本地零部件的需求来增强国内的电动车和电池制造能力。政府的目标是在2023年为20万辆电动摩托车和3.6万辆电动汽车提供补贴，这将分别占到其销售份额的4%和5%。值得注意的是，印度尼西亚在电动车和电池供应链中扮演着至关重要的角色。这主要得益于其丰富的矿产资源，尤其是作为世界上最大的镍矿开采国的地位。

12.1.5　马来西亚

在马来西亚，电动汽车市场正在逐渐崭露头角。除了10,000辆纯电动汽车外，该国还有80,000辆油电混合动力汽车和2,700辆柴电混合动力汽车已经完成注册。这表明，虽然纯电动汽车在马来西亚仍然是一个新兴市场，但混合动力汽车已经得到了广泛的接受。据 Paul Tan 的《汽车新闻》报道，马来西亚目前约有 1000 个公共电动汽车充电站。这与政府在《2021 ～ 2030 年低碳交通蓝图》（LCMB）中提出的目标有所差距，该蓝图提出到 2025 年在全国范围内建成 10,000 个电动汽车充电站。显然，尽管政府有雄心壮志的目标，但目前的充电站数量仍然远远不能满足推进国家电气化议程的需要。

马来西亚的电动汽车市场仍然面临一些挑战，包括充电基础设施的不足、消费者对电动汽车的接受度以及电动汽车的高价格。然而，随着技术的进步和成本的降低，预计电动汽车在马来西亚的市场份额将会逐渐增长。政府的支持和激励政策也将对电动汽车市场的发展起到关键作用。

12.1.6 越南

2022 年，越南的乘用车销量超过了 28.4 万辆，其中，只有几千辆是电动汽车。这一数据反映了电动汽车在越南市场的初步渗透。尽管电动汽车的销量相对较低，但考虑到越南的市场规模和潜力，这一数字仍然是值得关注的。根据预测，到 2028 年，越南将拥有 100 万辆电动汽车。这一数字预计将在接下来的十年内持续增长，到 2040 年，这一数字将增长到 350 万辆。这一预测基于越南政府的目标、技术进步和全球电动汽车市场的发展趋势。

12.1.7 新加坡

新加坡已经认识到电动汽车的重要性，并正在采取行动来支持这一市场的发展。随着更多的消费者认识到电动汽车的好处，预计新加坡的电动汽车市场将在未来几年中继续扩大。

① 市场份额：截至 2023 年 5 月，在新加坡注册了 7,961 辆电动车，这一数字相当于新加坡所有车辆的 1.2%。

② 充电基础设施：新加坡目前约有 2200 个电动汽车充电桩，这一数字预计在未来几年将继续增长。

③ 政府政策：新加坡政府通过"新加坡绿色计划 2030"支持电动汽车的采用。该计划旨在鼓励更多的新加坡人转向使用电动汽车，并提供了一系列的激励措施来支持这一转变。

12.1.8 菲律宾

截至 2022 年 6 月，在菲律宾已售出 1000 多辆电动汽车，超过了 2021 年的总销量 843 辆。自 2020 年以来，菲律宾销售的电动汽车数量一直在增加。就充电基础设施而言，菲律宾有 19 个充电站，其中大部分位于主岛吕宋岛。菲律宾在工业和政府的合作下继续发展电动汽车市场，以支持电动汽车在菲律宾的普及。从能源部门的角度来看，提出的立法旨在建立一个完整的生态系统，以支持电动汽车，要求菲律宾能源部（DOE）制定一项电动汽车路线图，作为菲律宾能源计划的一部分。它将包括充电基础设施以及财务和非财务激励措施。

12.1.9 泰国

（1）新能源车数量

根据泰国电动汽车协会（EVAT）的数据，截至2023年1月31日，泰国的电动汽车注册情况为：纯电动汽车（BEV）累计注册了36,775辆；插混电动汽车（PHEV）累计注册了43,360辆；混合动力汽车（HEV）累计注册了267,391辆。

（2）充电桩数据

根据泰国电动汽车协会的统计，截至2022年12月底，泰国的公共充电桩情况如下：总计有3,739个公共充电桩。其中，慢充（AC）桩有2,404个，快充（DC）桩有1,342个。在快充桩中，DC CSS2接口的有1,079个，DC CHAdeMO接口的有263个。注意，这些数据只包括对外开放的充电桩。还有一些充电桩，如上汽MG建设的，目前仅供MG电动车的客户使用。目前，泰国超过一半的充电桩都是3～7kW的慢充。

（3）充电桩分布

大多数充电桩主要分布在首都曼谷，这与泰国人的生活习惯密切相关。除了曼谷市区的高楼大厦，曼谷的其他地区更像是乡村。泰国人通常住在低层建筑中，回家后可以为电动车充电。这也意味着泰国人对快速充电的需求相对较低。

（4）充电服务费

截至2022年1月，泰国的充电服务费用（1泰铢约等于0.2070元）如下。
① 按照充电次数收费：
高峰期：7～8泰铢/次。
非高峰期：4～4.5泰铢/次。
② 按照充电车辆收费：
高峰期：6.5～8泰铢/台。
非高峰期：3.5～4泰铢/台。

（5）政府政策

① 泰国能源政策与规划办公室（EPPO）已制定了明确的计划：在未来8年，即到2030年之前，新增567个充电站，并增设超过13,000个充电桩。
② 泰国的目标是到2030年，电动车产量将占汽车总产量的30%，预计电动车总产

量将达到75万辆。然而，目前泰国的充电桩建设速度与电动车的增长速度存在明显的差距。

③ 从2018年开始，泰国对从中国进口的电动汽车实施了零关税和零消费税的优惠政策。

④ 2021年，泰国国家电动汽车政策委员会推出了"30·30"政策，即到2030年，泰国的零排放车辆产量将不低于汽车总产量的30%。

⑤ 从2022年9月开始，泰国政府实施了电动汽车补贴计划，旨在推广电动汽车。符合条件的电动汽车可以获得7万～15万泰铢的补贴。

⑥ 根据官方规划，泰国计划在未来几年内吸引4000亿泰铢（约合120亿美元）的投资，力争到2036年实现120万辆电动汽车的产能，并在当地建设690个充电站。2022年，泰国的电动汽车销量为21,000辆。

（6）市场格局

① 泰国的充电桩开发主要由国有机构负责，例如大都会电力局（MEA）、泰国发电局（EGAT）和泰国国家石油股份有限公司（PTT）。此外，一些汽车制造商，如上汽MG、长城汽车和哪吒汽车等，与这些国有机构合作建设充电站和充电桩。

② 在泰国，主要从事充电站建设的企业包括EA anywhere、EVOLT、SHARGE、EV station、PEA VOLTA、ELeX(by EGAT)、ONION、Noodoe EV、HAUP、Mea EV、PUMP CHARGE、CHOSEN和GWM。

（7）泰国的充电产品标准

① 泰国的充电桩主要采用欧标和日标。

② 目前，国际上主要有五种充电桩标准，分别是：中国国标GB/T、CCS1美标(combo/Type 1)、CCS2欧标(combo/Type 2)、CHAdeMO日本标准和特斯拉标准。

12.2 核心痛点

12.2.1 产品认证

目前主要需要关注的行业标准分别为欧标CE认证和美标UL认证。其中CE认证是强制认证，通常在4～6周内完成，成本可达到50万～60万元，主要的适用区域是欧盟成员国，同时泰国等东南亚国家也大多采用CE认证标准。UL认证是充电桩产品进入美国市场的主要认证标准之一，其相对于CE认证的周期更长，费用更高。

12.2.2 金融安全

充电桩计费平台接入当地金融支付系统，欧美国家对此相对敏感，同时对软件技术开发而言也需要对接各种当地的支付接口和第三方平台。

12.2.3 网络安全

充电桩联网采集车辆、用户信息，欧美国家对于隐私安全法规标准严苛。

12.2.4 品牌

ABB等外资龙头具有品牌优势，国内企业品牌力往往较弱。

12.2.5 渠道

渠道建设需要当地经销商等合作方支持，国内企业作为外来者相对落后。

12.2.6 售后

充电桩需要关注全生命周期，国内企业以出售产品为主，国外的售后服务体系建设相对困难。

12.3 解决方案

12.3.1 充电桩

（1）标准和规范

欧洲采用的是欧洲标准，如IEC 61851和EN 62196等。而中国则采用国标，如GB/T 20234.1 ～ 20234.4和GB/T 18487等。

（2）显示屏

这个显示屏的语言主要是英文，也可能是所在国家的语言，比如东南亚国家可能就用当地的语言，而中国肯定是汉语。

（3）充电枪

欧标充电桩通常使用的是欧洲标准的Type 2充电插头，也称为Mennekes插头。而中国充电桩则多采用国标GB/T标准的充电接口，如GB/T 20234.1 ～ 20234.4中的A类和B类插头。

（4）通信协议

欧洲通常采用的是OCPP（Open Charge Point Protocol）作为充电桩和后台系统之间

的通信协议。这里OCPP主流也有两个版本，一个是1.6.0版本，另外一个是2.0.1版本，两个版本的通信区别非常大，不可以互联互通。目前主流用得比较多的是1.6.0版本。而中国的通信协议虽然有国标，但每个充电桩厂商又自我定义，很可能都不一样。

12.3.2 充电APP

在中国，很多充电运营商给司机提供的充电软件可能是小程序或者APP，但在国外小程序很少，主要还是APP。国外的APP和国内的APP主要的差别：

（1）语言

这里的语言不是计算机开发语言，而是APP操作界面上显示的语言。在中国用的是汉语，而在国外主要是英文或者其他所在国的语言，有的也要求英语和所在国语言可以切换。

（2）地图

充电APP一般是需要接地图的，中国主要是高德、百度和腾讯，而在国外主要是谷歌地图，这个在开发APP时对接的地图接口是不一样的。

（3）收款方式

在中国充电APP的收款方式主要有微信、支付宝和网银等，但在国外收款方式主要有信用卡、网银、本地支付方式、电子钱包等四大主流支付方式。以下以东南亚国家马来西亚为例介绍相关内容。

① 马来西亚收款方式：

a. 四大信用卡：Visa、MasterCard（万事达卡）、American Express（美国运通）和Discover。

b. 四大电子钱包收款：Boost、Touch & Go、Grab、ShopeePay。

c. 网银：安联银行（Alliance Bank）、CIMB（联昌银行）、马来西亚银行（Maybank）、大众银行（Public Bank）、艾芬银行（Affin Bank）、汇丰银行（HSBC）、伊斯兰银行（Bank Islam）、丰隆银行（Hong Leong Bank）、科威特银行（Kuwait Finance House）、伊斯兰教义银行（Bank Muamalat）、国民储蓄银行（Bank Simpanan National）、渣打银行（Standard Chartered Bank）、大华银行（UOB）、马来西亚人民银行（Bank Rakyat）、兴业银行（RHB Bank）、大马银行（AmBank）、华侨银行（OCBC Bank）、马来西亚农业银行（Agro Bank）。

d. 当地支付方式：DuitNow。

② 收款方式的对接开发：

a. 四大信用卡对接：如表12.3是国内三个支持信用卡对接开发的第三方接口公司，这里还要求对接的公司注册地必须是香港，如果是国内其他城市还不可以，具体费用和汇率仅作参照。

表12.3　国内支持信用卡对接的公司

公司名称	对接费用	汇率（每笔交易需要给银行的钱）
钱海	10000元人民币	3.8%
空中云汇	500美元	4.3%
Goallpay	年费600美元	渠道汇率（以银行汇率为准）

　　b. 电子钱包和网银：目前国内也有专门的第三方接口公司可对接开发，具体如易派支付，他们对收款方公司注册地址没有要求，在费用上是按照百分比收款的。

　　c. 当地支付方式：DuitNow的对接应该是跟国内微信一样，有专门文档和接口可以对接，具体如何对接、是否有费用需要进一步确认。

12.3.3　运营管理后台

（1）通信协议

　　充电桩硬件和运营平台软件之间的数据传输必须用到通信协议，目前非中国市场的运营平台的通信协议主要是OCPP协议。

（2）语言

　　运营管理后台跟APP一样，需要支持英文或者当地国家的语言，最好支持语言切换。

12.3.4　服务器

　　购买服务器和相关插件必须是充电站运营商所在国家生产的，目前阿里巴巴和华为都提供国际业务，可直接购买所在国对应的设备即可。

12.4　各个国家的补贴政策

12.4.1　英国

　　商业激励：公司可享受充电基础设施第一年支出成本的税收优惠。

　　户用激励：个人可以获得高达75%的购买充电站和充电站安装成本的赠款，每次安装的拨款上限为350英镑（含增值税）。

12.4.2　奥地利

商业激励：购买和安装旨在容纳重型货车的直流充电站公司和公共实体可获得高达 30,000 欧元的补贴。购买和安装公共充电站的公司可获得300 ～ 15,000欧元的补贴。

户用激励：购买和安装国内充电站单户或两户住宅的居民可获得600欧元的补贴；购买和安装符合OCPP标准的电站以供多单元住宅的居民可获得900欧元一次性安装的补贴，购买和安装符合OCPP标准的电站作为多用途安装的一部分可获得1,800欧元的补贴。

12.4.3　比利时

商业激励：购买、安装私人和商业停车场以及电网连接费用可享受税收减免，其中充电基础设施可供公共使用。

户用激励：购买私人充电基础设施的相关费用可享受45%的个人所得税减免。

12.4.4　德国

商业激励：公司可以获得高达45,000欧元的选址费用，用于支付与安装私人充电桩相关的费用。

户用激励：所有德国居民都可以申请900欧元的补助金，为家庭购买和安装充电站。

12.4.5　瑞典

商业激励：公司和公共实体可以获得一笔拨款，用于购买和安装私人及公共充电站相关费用的 50%。

户用激励：个人在家里安装充电桩可以获得50%的购买和安装费用的减免。每个家庭减免的最高限额为15000（瑞典）克朗。

12.4.6　波兰

公司和公共实体可以享受高达36%的与购买和安装充电站相关费用的减免。
公司和公共实体可以获得高达75%的与购买和安装充电站相关成本的税收返还。

12.4.7　意大利

无论个人还是商业机构，建设功率超过220kW的新能源汽车充电站可以获得50%

的购买和安装费用的减免，每个充电站减免的最高额度为2000欧元。

12.4.8　美国

（1）《两党基础设施法案》（BIL）发布补贴方案

2021年11月《两党基础设施法案》计划提供75亿美元，在美国高速公路和社区建立由50万个电动汽车充电器组成的充电网络，其中包括：

① 通过国家电动汽车基础设施计划（NEVI）向各州提供50亿美元，用于在高速公路走廊沿线建设充电基础设施，填补农村、弱势和难以到达地方的空白。

② 竞争性拨款25亿美元，以支持社区和走廊充电，提高当地的空气质量，并在服务不足和负担过重的社区增加电动车充电的机会。

（2）IRA法案发布税收抵免

商用充电站：单个项目最高可获得成本30%的税收抵免，对应上限10万美元；以单个充电站3 ～ 5个120kW直流桩、单桩售价5万美元计算，30%税收抵免对应单桩1.5万美元税收抵免，合计4.5万～ 7.5万美元税收优惠。

个人家用充电桩：30%税收抵免，上限1000美元。以单个7kW私桩500美元计算，对应150美元税收优惠，能够部分抵消安装费用带来的额外成本。限制条件：

① 充电器最终在美国组装，充电器钢铁外壳的全生产流程在美国（包括从熔化到涂层）；

② 2024年7月1日起，以采购成本计算，至少55%的组件要产自美国。

（3）DOT（美国交通运输部）批准首笔9亿美元

2022年9月，美国总统拜登宣布首笔9亿美元资金用于在35个州建设充电站，作为1万亿美元基础设施法案的一部分。

12.5　借鉴模式

12.5.1　OEM代工模式

以OEM❶代工方式进入海外设备供应商是最基础的方式之一，对于生产能力强但是海外布局积累有限的国内企业而言，OEM代工模式进入海外市场可以规避品牌知名度不高的劣势，直接绑定大客户，锁定下游需求，并且为后续试产积累经验和奠定客户资源基础，代表性企业有炬华科技和香山股份。

---

❶ OEM：原始设备制造商。

12.5.2 利用已有业务渠道和客户资源

利用已有业务渠道和客户资源，实现横向拓展也是一种进入海外市场的方式。如电能质量管理龙头厂商盛弘股份较早布局充电桩，利用储能业务渠道基础，开拓欧洲大运营商客户。汽车检测厂商道通科技，利用汽车检测积累的客户资源开拓充电桩海外市场。

12.5.3 其他渠道拓展能力

以星星充电为代表的一体化企业，兼顾运营和设备两端，通过运营开拓市场，同步带动设备销售。以英杰电气为代表的电商销售模式，将充电桩作为纯粹消费品，通过电商渠道直接向终端消费者进行销售。

12.6 标杆企业

12.6.1 星星充电

已完成CE和UL认证，产品包含直流和交流，2020年出口欧洲、北美、南美等，欧洲市场已经覆盖17个国家。

12.6.2 阳光电源

已完成CE认证，产品包含直流和交流，2022年6月挪威发布欧标30kW直流桩，海外逐步发力。

12.6.3 通道科技

道通科技成立于2004年，专注于汽车后市场诊断设备及汽车电子的研发、生产和销售；公司基于电池检测技术的积累，切入充电桩领域。公司充电桩产品非常丰富，覆盖7kW、10kW、12kW交流充电桩产品，以及20kW、120kW、240kW、360kW、480kW直流充电桩产品。公司深耕海外市场，坚持高端化路线，通过提供高质量的产品，在欧美汽车后市场有较强的品牌知名度及影响力，因此凭借公司丰富的海外市场经验、品牌积累、中国企业的供应链优势以及充电桩产品突出的性能优势，快速通过了海外多国认证，包括美国UL、CSA、能源之星（Energy Star）认证及欧盟CE、UKCA、MID认证等。线下销售，公司充电桩已陆续取得北美、欧洲、亚洲等地区多国订单并逐步实现交付。线上销售，2022年6月，公司交流充电桩产品登陆全球主流电商亚马逊美国站，目前该品类冲进该类前5名。

12.6.4　盛弘股份

盛弘股份成立于2007年，是能源互联网核心电力设备及解决方案提供商。公司本身是电力电子平台型企业，SVG、储能PCS、充电桩等业务技术上相通且互补。公司于2011年研制推出充电桩模块，后续推出的直流充电桩采用有源APFC技术进行谐波治理和无功补偿，使得系统效率达到95%以上，功率因数达到0.99，且无须安装额外的电能治理设备即可保证充电站的使用安全。公司22kW欧标交流充电桩已完成海外认证，成功开拓欧洲新能源交流桩B端和C端市场，目前产品已面向壳牌、BP、道达尔等运营商集中式快充站销售。2021年，公司盛弘股份与BP集团达成合作，成为首批进入BP中国供应商名单的充电桩厂家，产品的技术及安规完全符合海内外标准，获得了海内外用户的一致认可。

12.6.5　炬华科技

公司于2006年4月成立，主业是为国内电网公司、工商业企业提供智能电表及采集系统。充电桩业务归属于"物联网系统智能配用电产品及系统板块"，目前已成为公司第二增长曲线。公司充电桩业务矩阵齐全，充电模块以自主研发为主，外购为辅。智能配用电产品及系统涵盖电动汽车充电桩及系统、智能电气。充电桩产品涵盖交流充电桩、三相直流充电桩、分体式充电桩、一体式直流充电桩等，交流充电桩为主要产品。公司海外销售毛利较高，主要以贴牌代工为主。充电桩业务目前国内的收入为五千万，未来业务的重心在海外欧美地区。

12.6.6　英杰电气

已完成CE和UL认证，产品包含直流充电桩和交流充电桩，2020年开始以电商平台方式逐步实现向欧美销售。

12.6.7　特来电

已完成CE认证，产品包含直流充电桩和交流充电桩，以贴牌方式进入海外市场。

12.6.8　绿能慧充

公司充电桩、充电机、充电堆品类齐全，覆盖7～720kW功率段。同时，公司也已实现充电模块自研自产，相继于2017年推出15kW和20kW充电模块，2019年推出可适配30～720kW系列充电系统的30kW模块，2021年研发40kW模块。公司目前战略客户包含电网公司、小桔、西咸城投集团、壳牌、BP等，2022年，60kW、120/180kW欧标一体式直流充电机已获欧盟CE认证，为出海提供了必备条件。

12.6.9　香山股份

大众MEB平台首批国内独家供应商，同时已通过欧洲资质认证，充电桩出海有望放量。公司是中国衡器行业领跑者，是规模较大的家用衡器制造商之一，开拓充电桩及汽车智能座舱部件业务。公司作为大众MEB平台首批国内独家供应商，已通过欧洲资质认证，正在开拓中，处于发展前期，美国市场也在同步进展中。随着大众集团电动化转型逐渐深入及海外市场的不断拓展，充电桩有望保持高速增长。此外，公司的智能座舱部件产品长期配套奔驰、宝马、大众、奥迪等海外知名主机厂，并覆盖蔚来、理想等造车新势力，相关客户对智能座舱部件需求旺盛。

12.6.10　英可瑞

老牌模块公司，智能高频开关电源核心部件供应商，目前公司主要产品有电动汽车充电电源模块及系统、电力操作电源模块及系统、通信电源模块及系统，工业定制电源产品等，公司直流充电电源模块已形成产品系列化，功率等级范围：3～30kW，电压输出范围（直流）24～1000V，冷却方式包含风冷及液冷模式，电源产品能满足多数充电系统及充电应用场景的配置要求，海外产品目前处于前期推广阶段，后续空间广阔。

12.6.11　优优绿能

优优绿能成立于2015年，推出了国内首款一体化15kW充电模块。2017年公司制定了大功率快充的产品战略，2018年国内首推30kW产品，2019年推出30kW 150～1000V高电压充电模块，目前最新产品UR100040-SW具备超高功率密度。2020年，公司跟充电桩企业也进行了战略合作，在全球各个地方所铺设的充电桩里面，内部核心模块大部分用优优绿能产品。

12.6.12　通合科技

通合科技于2007年开始进入充电模块市场，推出了符合国网"六统一"标准的20kW产品和针对网外市场的30kW、40kW产品。2022年公司推出高性价比的40kW高电压宽恒功率产品。2021年推出的40kW高电压宽恒功率产品形成高低配，具有较强竞争优势。目前公司客户以国网、国内桩企为主，模块产品也已取得了欧洲CE标准认证，预计未来两年将通过美国 UL 标准认证。

12.6.13 欧陆通

开关电源厂商，切入充电桩模块，兼具风冷和液冷。公司专注于开关电源产品的研发、生产与销售，公司主要产品包括电源适配器、服务器电源、通信电源和动力电池充电器等。目前公司发布的充电模块产品由全资子公司上海安世博自主研发和生产，采用碳化硅技术设计，符合国际欧规、美规等严苛 EMI/EMC 等规格要求。公司兼具风冷和液冷模块产品，目前已经完成电源所有的认证，有望后续逐步获得批量订单。

12.6.14 星云股份

星云股份于2019年与宁德时代合资成立时代星云，在充电桩领域，公司推出星云系列直流充电桩和交流充电桩产品。时代星云推出光储充检超充站，最高支持1000V电压。同时，时代星云为超充站提供储能变流器、DC/DC直流变换器、快充桩、电池检测模块等产品。目前超充站已在上海、宁德、福州等多个城市落地建设。